MOÏSE
ENTRE DIEU ET LES HOMMES

À Carole et Eva, pour leur confiance.
À Isabelle de Castelbajac,
pour sa généreuse érudition.

En mémoire d'Hector,
valeureux compagnon d'écriture.

Collection dirigée par Marie-Thérèse Davidson

© 2010 Éditions NATHAN, SEJER, 92 avenue de France, 75013 Paris
Loi n° 49-956 du 16 juillet 1949 sur les publications destinées à la jeunesse,
modifiée par la loi n° 2011-525 du 17 mai 2011.
ISBN 978-2-09-252719-1

HISTOIRES DE LA BIBLE

MOÏSE

ENTRE DIEU ET LES HOMMES

Marie-Thérèse **Davidson**
Illustrations : Julie **Ricossé**
Dossier : Marie-Thérèse **Davidson**

Nathan

Les * dans le texte renvoient au lexique en fin d'ouvrage.

CHAPITRE 1
SAUVÉ DES EAUX

Moïse considérait le corps gisant à ses pieds, pantin bizarrement disloqué. Sa fureur était tombée ; il lâcha le fouet du contremaître. On ne voyait pas de sang, mais l'homme était mort, de toute évidence. Ce n'était pas le moment de se poser des questions ; personne à l'horizon, il fallait en profiter, cacher le corps et filer rapidement en direction du palais.

Depuis plusieurs jours, Moïse quittait tôt les appartements royaux de Ramsès[1] pour se rendre sur les chantiers ou errer parmi les baraquements des esclaves hébreux. Quelle terrible révélation ça avait été la première fois ! Il avait renvoyé le serviteur qui le suivait habituellement et avait marché, seul, d'horreur en horreur.

Sur le chantier, des hommes maigres, sales, presque nus, l'air hébété, travaillaient accroupis sous le soleil brûlant, toujours couverts de la boue d'argile avec laquelle

---

1. *Nom biblique de la ville de Pi-Ramsès, dans le delta du Nil.*

ils fabriquaient des briques. D'autres allaient et venaient, lourdement chargés : les uns apportaient dans leur hotte la paille qui, mêlée à l'argile, en faisait un matériau plus résistant, d'autres livraient les briques finies aux maçons qui édifiaient les nouveaux entrepôts. Des chefs de corvée égyptiens vérifiaient les quantités produites, et les coups de fouet pleuvaient sur les ouvriers trop lents.

Du côté des habitations, ce n'était guère mieux : devant les baraques pouilleuses, des enfants en guenilles jouaient, pêle-mêle au milieu des maigres poulets et du petit bétail, roulaient dans la poussière, piaillaient dans une langue incompréhensible pour Moïse, sous l'œil prudent des mères. Il aurait aimé ressentir un élan de tendresse envers ces malheureux – ses frères. Mais tout le séparait d'eux : sa robe fine et élégante, la rondeur de son visage de jeune homme bien nourri, son langage châtié, sa parfaite éducation. Tout, sauf l'essentiel : sa naissance…

S'il n'éprouvait pas de tendresse pour les Hébreux, leur misère, leur détresse le révoltaient, et chaque jour son cœur se serrait davantage, de tristesse et d'indignation.

Ce jour-là, Moïse était tombé en arrêt devant un chef de corvée qui, à l'écart, fouettait un esclave hébreu tombé à terre. Tout le chargement de paille était répandu dans la poussière, le dos du supplicié était zébré de sang. Mais l'Égyptien continuait, s'acharnait. Moïse sentit monter en lui la colère.

– Arrête ! Lâche ce fouet !

Le contremaître ne fit aucun cas de ses cris, ni des insignes de son rang royal, et s'obstina. Moïse avait eu le temps de repérer qu'ils étaient loin de la foule, donc sans témoins. D'un geste vif, il arracha le fouet de la main du tortionnaire et lui envoya son poing dans la tempe, de toutes ses forces. L'homme s'écroula, l'esclave s'enfuit en traînant la jambe, sans un mot, sans un regard.

Après un instant de stupéfaction – comment avait-il pu tuer d'un seul coup ?! – Moïse saisit le mort par les pieds, le traîna derrière un tas de briques inutilisables abandonnées là, le recouvrit grossièrement et s'éloigna rapidement, un peu rassuré de n'avoir pas été surpris.

Il n'avait pas vu les yeux qui l'épiaient…

Après avoir retrouvé les larges allées et les verts jardins du quartier noble, Moïse pénétra enfin dans la Grande Maison – le palais royal – et traversa à la hâte salles et couloirs sans répondre au salut des courtisans qui s'inclinaient, des serviteurs qui se prosternaient. Il avait besoin d'être seul pour mettre un peu d'ordre dans ses pensées.

« Qu'ai-je fait ? J'ai tué ! Moi ! Moi qui… »

Il marchait à grandes enjambées nerveuses. Lui qui répugnait tant à la violence, à l'exercice des armes !

« C'était… comme plus fort que moi, cette brute m'a mis hors de moi. Est-ce que je regrette ? Non, même pas… Ou plutôt… je ne sais pas ! C'est… c'est de la folie ! »

Arrivé dans ses appartements, Moïse s'écroula dans

le plus proche fauteuil. « Cet homme… Il était peut-être sans pitié, mais il travaillait pour Pharaon, il suivait ses ordres ! Si jamais on venait à apprendre ce que j'ai fait ! Pour un esclave… »

Moïse soupira pensivement.

« Un esclave… un Hébreu surtout ! Suis-je vraiment un de ceux-là ? Est-ce que je leur ressemble ? Mes frères, me dit-elle parfois. »

Elle, c'était Bitya, la fille de Pharaon, la mère de Moïse.

« Oui, ma mère. Même si ce n'est pas elle qui m'a mis au monde… »

Moïse ne réfléchissait plus, il rêvait…

***

Toute son enfance avait été bercée par cette histoire miraculeuse. Il aimait entendre sa mère égyptienne lui raconter comment elle l'avait trouvé. Enveloppé de ses bras chauds, les yeux mi-clos, respirant avec délices l'odeur de lys et de myrrhe dont elle se parfumait, il la pressait de ses questions.

– Raconte, raconte-moi encore, mère…

Et Bitya commençait :

– Je me souviens, nous étions en plein *chemou*[1], la saison des moissons, il faisait une telle chaleur… Même les murs épais de la Grande Maison ne nous

---

1. *Printemps et début de l'été (les anciens Égyptiens divisent l'année en trois saisons).*

protégeaient pas, c'était un temps à aller se baigner dans le Nil, à l'ombre des papyrus. C'est là que je t'ai trouvé, mon enfant. Imagine : je vois dans les roseaux une barque miniature, recouverte d'une toile fine, comme une voile affalée. Ma curiosité a tout de suite été éveillée, et je me suis fait apporter cette barque. Une vraie barque de joncs soigneusement enduite de bitume et de poix. Elle ne risquait pas de couler si elle était entraînée par le fleuve ! Mais… dans cette barque, un bébé vagissait : cette barque était un berceau ! Et qui était là ? Toi, mon chéri ! La toile avait été placée là pour te protéger du soleil, à n'en pas douter. Les gens qui t'avaient installé dans ce berceau de joncs devaient beaucoup t'aimer ! Tes parents sans doute…

Et Moïse rêvait d'une barque et de sa voile, aussi petites que des jouets, de ses parents qui l'aimaient tant, et qui pourtant l'avaient abandonné…

– Comment ne pas t'aimer ? Même tout petit, tu étais si beau ! Tu as cessé de pleurer en me voyant, tes grands yeux bruns me fixaient bien en face, sans peur. Tu étais l'enfant que j'attendais – un don des dieux ! Je t'ai pris dans mes bras, et tu m'as tout de suite souri. Je n'ai pu résister. J'ai bien vu que tu étais un Hébreu, tu portais leur marque, la circoncision*. À cette époque, les soldats de mon père recherchaient tous les garçons hébreux nouveau-nés pour les mettre à mort, ordre de Pharaon.

Bitya frissonnait toujours à cette évocation, tout en poursuivant :

– Ta mère avait sûrement préféré te confier à Hâpy[1], le dieu-fleuve, plutôt que te laisser tuer, et elle avait eu raison, puisqu'il m'avait fait venir sur sa rive ce jour-là ! Je devais accepter cette mission de Hâpy, ou plutôt ce cadeau. Voilà comment je t'ai gardé avec moi…

– Continue, mère, raconte-moi ; raconte-moi ma nourrice.

– J'avais avec moi une femme qui nourrissait son enfant, elle t'a présenté le sein, mais tu as détourné la tête. Elle a recommencé une fois, deux fois, et chaque fois tu as refusé son sein. Comment faire ? J'étais prête à envoyer chercher une autre femme, quand la petite Myriam, cette jolie fille d'Hébreu, est sortie de derrière les papyrus. Comme par hasard… Elle avait l'air si émue ! Elle nous a recommandé sa propre mère comme nourrice ; ta mère, peut-être ?

Souvent, à ce passage de son récit, Bitya s'interrompait, avec une petite moue indécise, puis elle reprenait :

– Puisque j'avais décidé de me laisser guider par les dieux, j'ai accepté cette proposition sans chercher à en savoir davantage… et Yokébed, ta nourrice, est venue. Quand elle t'a présenté le sein, il faut voir avec quelle voracité tu l'as saisi ! Tu avais fait ton choix… Alors je t'ai laissé avec elle le temps de l'allaitement, jusqu'à ce qu'elle te ramène à moi.

« Et c'est ainsi que je t'ai adopté, mon petit Hébreu !

1. Dieu égyptien du Nil.

Et comme je t'avais "sauvé des eaux", tout naturellement je t'ai nommé "Moïse"...

« Et voilà comment un fils d'esclaves a grandi à la cour de Pharaon, choyé et adulé comme un prince égyptien ! » songeait Moïse. Longtemps sa naissance chez les Hébreux lui sembla être un conte ; n'était-il pas le plus beau, le plus fort, le plus intelligent de tous les princes royaux ? Il était promis à un si brillant avenir ! Futur Pharaon, lui soufflait parfois Bitya…

Et puis il avait voulu savoir à quoi ressemblaient ces hommes dont il était issu, et, peut-être, reprendre sa place parmi eux. Ah, oui ! Il avait vu ! Il en était sorti bouleversé. Et voilà que, pour l'un d'eux, il venait de tuer un contremaître de Pharaon !

CHAPITRE 2
EN FUITE

Moïse avait mal dormi, d'un sommeil agité. Tôt levé, il se laissa à peine frictionner par le serviteur qui veillait à son bain, se fit vêtir d'un pagne tout simple, coiffer d'une perruque courte, ne prit même pas le temps d'avaler le pain et la bière qui l'attendaient, moins encore de saluer sa mère, et partit de nouveau, seul, vers le quartier des Hébreux.

Le long d'étroites ruelles, les habitations de terre crue se succédaient, serrées les unes contre les autres ; sous l'action du soleil et du temps, l'argile en était effritée ; les portes de bois s'ouvraient sur des intérieurs obscurs : Moïse avait beau fouiller du regard, impossible de distinguer ce qui s'y passait. Son attention fut soudain distraite par des éclats de voix. À la croisée des ruelles, deux Hébreux s'affrontaient, poings serrés. Le jeune homme voulut s'interposer :

– Allons, cessez ! Vous n'allez tout de même pas vous battre !

Mais il n'avait pas prévu la réaction des deux adversaires : d'un même mouvement, ceux-ci lui firent face, hargneux.

– Que toi vouloir ? fit le premier en mauvais égyptien.

– Toi ordres à nous ? renchérit l'autre.

– Mais…

Moïse recula, pris de court.

– Je suis Moïse, un Hébreu ; comme vous.

Mais les hommes ne se calmèrent pas pour autant :

– Toi Hébreu ? Regarde-toi !

– Toi tuer contremaître ! Pas peur Égyptien !

– Toi tuer nous aussi ?

Moïse ne trouva pas de mots pour répondre. Ainsi, on l'avait vu la veille ! Atterré, il tourna le dos et s'enfuit sous les quolibets des anciens adversaires, réconciliés contre lui.

« Tout le monde est donc au courant ! Et si Pharaon en entend parler ? »

Est-ce ainsi que se passait son retour chez ses « frères » ? Est-ce ainsi qu'on l'accueillait ?

Il n'était pas au bout de ses peines. Rentré à la Grande Maison, il fut immédiatement averti par son serviteur que Pharaon l'avait convoqué à deux reprises sans le trouver, puis :

– Ne te voyant toujours pas venir, maître, il vient d'envoyer des gardes à ta recherche !

Moïse comprit que toutes ses craintes se réalisaient :

Pharaon avait appris le meurtre, comme les Hébreux. Dorénavant, il risquait la mort !

Il ne fut pas long à prendre sa décision. Il se dépouilla de sa perruque, de ses bijoux et de tout ce qui pouvait révéler son origine princière, mit dans une besace le pain et la viande que son serviteur avait disposés, comme d'habitude, sur la petite table, chaussa d'épaisses sandales et saisit enfin un manteau qui le dissimulerait, tout en le protégeant de la poussière et du soleil. Une fois prêt, il sortit rapidement par l'une des petites portes, celles réservées aux serviteurs. Le soleil n'était pas encore couché qu'il était déjà loin, bien loin de Ramsès…

Moïse marcha vers l'est sans se retourner, quitta bientôt la région fertile de Goshen, dans le Delta, et atteignit rapidement le désert.

D'oasis en oasis, d'oued en oued, il marchait sans relâche, de l'aube au crépuscule, s'arrêtant le moins possible, ne se mêlant jamais aux caravaniers qui traversaient comme lui les étendues pierreuses. Plusieurs jours pouvaient se passer sans qu'il ouvrît la bouche pour parler. Son corps semblait fondre au soleil, de plus en plus musculeux, de plus en plus sec ; sa peau se tannait, son visage s'émaciait.

Quand il eut traversé le désert d'ouest en est, Moïse n'avait plus rien d'un prince égyptien.

***

Un jour, arrivé au sommet d'une hauteur, il découvrit une étendue verdoyante, piquée de palmeraies d'un vert plus sombre et semée de cubes couleur de terre – des maisons. Ce n'était plus une simple oasis, mais un vrai village. Il lui semblait déjà entendre le murmure de l'eau qui devait alimenter toute cette végétation. Il descendit rapidement, et en effet trouva un puits où il se désaltéra, avant de s'allonger à l'ombre d'un palmier.

Un bruit de voix mêlé de bêlements le tira de son sommeil : des bergères puisaient de l'eau qu'elles versaient ensuite dans les abreuvoirs, pour leurs brebis. Dressé sur un coude, Moïse les considérait à leur insu, admirant la grâce de leurs mouvements, la fraîcheur de leurs rires. Le soleil était moins haut que tout à l'heure, une lumière douce faisait chatoyer les tissus de leurs tuniques et de leurs voiles. Mais un autre groupe arriva, soulevant la poussière et troublant la quiétude : quelques pâtres, qui menaient leur petit bétail, bousculèrent sans ménagement les frêles jeunes filles et leurs bêtes en plaisantant lourdement :

– Quelle chance ! Elles viennent de tirer de l'eau ! Ce sera parfait pour nos moutons !

En deux bonds, Moïse fut au côté des jeunes filles, s'interposant entre elles et leurs assaillants. Les bergers hésitèrent : la haute stature de Moïse, le solide bâton qu'il tenait dans son poing étaient impressionnants. Mais il était seul, et les brigands firent mine de se jeter sur lui. Sans un mot, l'air déterminé, Moïse leva son bâton, les dominant du regard – un regard noir de menace sous ses sourcils froncés. Les pâtres se figèrent, s'entreregardèrent. L'un d'eux haussa les épaules, et ce fut comme un signal ; tournant le dos, ils rassemblèrent leur bétail et partirent à la hâte.

Les jeunes filles, incrédules, fixèrent un moment la troupe qui s'éloignait, puis se tournèrent vers Moïse, toujours silencieux. L'admiration et une reconnaissance éperdue se lisaient dans leurs yeux.

– Merci, voyageur, dit la plus hardie, sans toi nous étions perdues !

Moïse répondit par un sourire à peine ébauché et une brève inclinaison de la tête – il avait compris le sens général de la phrase, même s'il n'en saisissait pas les mots ! Puis il entreprit de puiser l'eau, dont il acheva de remplir les auges des brebis. Quand leurs bêtes eurent fini de boire, les jolies bergères – elles étaient sept – regroupèrent leur troupeau tout en se confondant en remerciements, puis quittèrent les lieux.

Resté seul, Moïse ne parvenait pas à effacer leur plaisante image, et, une image en entraînant une autre, tout ce qu'il avait quitté, qu'il s'était efforcé d'oublier, lui revint brutalement en mémoire : sa mère et ses rires joyeux, la fine silhouette des servantes, le luxe du palais, l'amitié de ses compagnons, les leçons de ses maîtres, Pharaon même, qui l'aimait autrefois comme un fils… Mais surtout, surtout, la tendresse de sa mère, oh si douce… À quelle solitude ne s'était-il pas condamné !

– Plus jamais…

Moïse étouffa le sanglot qui montait de sa poitrine, fit quelques pas pour se ressaisir, et retourna s'allonger : il devait prendre des forces pour continuer sa route !

Il crut rêver en entendant les mêmes voix, plus joyeuses encore que la première fois. Il ouvrit les yeux. Le soir était tombé mais il distingua autour de lui les sept jeunes bergères. Il s'assit vivement.
– Ça y est, il est réveillé !
– Bonjour, voyageur !
– Tu ne pensais pas nous revoir si tôt !
– Mais taisez-vous donc ! intervint la plus hardie, l'aînée sans doute. Comment voulez-vous qu'il comprenne ?
Elle se tourna vers lui et lui expliqua :
– Vois-tu, étranger, quand nous sommes rentrées chez nous – nous sommes sœurs –, notre père, Jéthro, nous a réprimandées de t'avoir laissé ici alors que tu nous avais sauvées de ces méchants hommes. Nous venons donc t'inviter de sa part à manger et à dormir. Sois notre hôte, étranger, ce sera un honneur pour nous.
Sept paires d'yeux noirs et brillants guettaient la réaction du jeune homme, qui les considéra tour à tour. Les jeunes filles parlaient un dialecte qui ne ressemblait pas à la langue égyptienne. Mais leur intention semblait claire. Aussi Moïse se leva-t-il, il ramassa sa besace et s'inclina devant elles, prêt à les suivre.

C'est ainsi que Moïse arriva, à leur suite, devant une maison de pisé[1] d'assez belle allure, flanquée d'un enclos où les brebis se reposaient. Dehors, à l'ombre d'un large palmier, des nattes[2] de jonc colorées étaient posées à même le sol. À l'arrivée du petit groupe, l'homme qui était assis là, les jambes croisées, se dressa vigoureusement. Ses cheveux d'argent le désignaient comme le père des jeunes filles, le maître du lieu. Moïse le salua respectueusement.

– Sois le bienvenu, étranger, dit l'hôte. Qui es-tu ? D'où viens-tu ?

– La paix soit sur toi, répondit le jeune homme en égyptien, après une hésitation.

Il n'avait pas compris.

Le père des bergères répéta sa question, en égyptien cette fois, après cette remarque :

– Tu viens donc d'Égypte, à ce que je comprends !

– Oh, mon hôte, c'est une chance pour moi que tu parles ma langue ! dit le jeune étranger, dont le visage s'éclaira. Je me nomme Moïse. Oui, je viens d'Égypte, mais… Pharaon veut ma mort. Je suis né hébreu, ajouta-t-il avec un sourire amer, mais les Hébreux se défient de moi.

– Tu es ici au pays de Madian, et je me nomme Jéthro, dit l'homme aux cheveux d'argent. Si tu n'as nulle part où aller, reste parmi nous. Je suis prêtre, et

---

1. *Matériau de construction fait de terre argileuse crue souvent mêlée de paille.*
2. *Tapis tissé de fibres végétales.*

j'ai de nombreux troupeaux. Je n'ai pas de fils, mes filles suffisent à peine à la tâche : il y aura du travail pour toi, si tu acceptes de demeurer ici.

Un regard circulaire suffit à Moïse pour se décider. Comment refuser l'offre de ces visages ouverts, souriants ? Il s'inclina en guise d'acceptation.

CHAPITRE 3
LE BUISSON ARDENT

La bienveillance de Jéthro ne se démentit jamais. Mieux même, pour manifester l'estime qu'il portait à son hôte, il lui donna en mariage l'aînée de ses filles, la belle Tsippora au regard rieur et à la parole décidée.

Une nouvelle vie commençait pour Moïse. Finis les soins du corps minutieux qui lui prenaient une bonne partie de la journée quand il vivait au palais ! Finis aussi les festins interminables, les mets variés et les sauces recherchées ! Finis les devoirs qui incombaient au jeune prince qu'il était autrefois : inspections de chantiers ou défilés militaires ! Moïse ne regrettait rien de tout cela : il appréciait les viandes rôties sur un brasero et les fruits frais cueillis ou séchés au soleil, les étoffes de laine tissées et teintes par les filles de Jéthro. La seule chose qu'il regrettait de son ancienne vie, c'étaient les leçons des prêtres et des scribes. S'il n'était pas convaincu de la divinité des idoles[1] grandes ou petites, s'il trouvait les cérémonials religieux souvent vides de sens, il n'avait pas oublié la morale qui sous-tendait ces rites, toutes les recommandations de ses maîtres – respecter la vie et la sagesse, éviter la violence, le mensonge –, cet enseignement qu'il fallait observer pour parvenir, après la mort, à la vie éternelle.

Maintenant, c'était auprès de Jéthro qu'il prenait de telles leçons, car son beau-père était un homme pieux et sage, à l'esprit curieux et réfléchi. Mais Moïse n'en profitait pas souvent, car sa principale tâche consistait à mener les troupeaux à travers les plaines arides de Madian, parfois bien au-delà. Il partait alors de longs jours, des lunes entières même, pour vivre dans la seule compagnie des animaux. Il ne regrettait pas son choix : son travail lui laissait une grande liberté d'esprit, il pouvait admirer les paysages qu'il traversait, les reliefs rocheux qui découpaient le bleu intense du ciel, la débauche de couleurs du soleil couchant. Ces espaces grandioses lui semblaient emplis d'une divinité plus grandiose encore, devant laquelle il s'inclinait en pensée. Il apportait à son travail la même attention et le même sérieux que de tout temps il avait montrés dans tous les domaines. Il en était récompensé : le bétail prospérait sous sa garde, et Jéthro lui marquait de la reconnaissance et de l'estime.

Quand Moïse rentrait de ses longues courses, il était heureux de retrouver l'atmosphère chaleureuse

---

1. Image ou statue d'un dieu, que les fidèles adorent à l'égal du dieu.

de la maison de son beau-père, le gai babil des jeunes filles – qu'il comprenait désormais – et la tendresse complice de Tsippora.

Tsippora...

Ce soir la jeune femme attendait son époux avec impatience. Un messager avait été envoyé à la rencontre de Moïse, porteur de la grande nouvelle. Allongée au milieu des coussins, un peu pâle de l'effort fourni, Tsippora serrait contre son sein un petit être aux traits encore plissés. Un garçon, c'était un garçon ! Ses sœurs, autour d'elle, parlaient et riaient moins fort que de coutume ; elles ne savaient que faire pour lui procurer un peu de confort : l'une avait emporté les linges salis, la deuxième lui passait de l'eau fraîche sur les tempes, la troisième lui apportait une pleine corbeille de dattes... Dehors, Jéthro, songeur, guettait le retour de Moïse. Allons, avec la naissance de cet enfant, son gendre entrait définitivement dans leur clan et pouvait oublier d'un cœur léger ses tourments passés ; Hébreu ou Égyptien, qu'importait ? Il était madianite désormais !

Moïse arriva au crépuscule et se précipita dans la chambre après un salut hâtif à Jéthro. Agenouillé près de la jeune maman, dont il serrait les mains avec force, il contemplait son fils sans oser le toucher.

– Comment l'appelleras-tu ? demanda Tsippora, presque timidement.

Moïse prit le temps de réfléchir, puis déclara :
– Je l'appellerai *Gershom*, « l'émigré », car moi-même je suis un émigré en terre étrangère.

Tsippora ne répondit rien, la gorge soudain serrée. Puis :
– Tu te sens donc toujours en terre étrangère à Madian ? Après toutes ces années ? Quel est donc ton pays ?

Moïse murmura en haussant les épaules :
– Si seulement je le savais…
Il n'oubliait rien de l'Égypte ni des Hébreux.

Mais la vie continua à Madian, et tandis que Gershom grandissait sans encombre, les jeunes parents eurent un second fils. Celui-là, son père le nomma *Éliézer*, parce que « Dieu* l'avait sauvé » alors qu'il se sentait perdu.

***

Les courses de Moïse le conduisaient parfois très loin de Madian. Un jour qu'il était allé faire paître ses brebis au pied du mont Horeb, dans le sud du désert du Sinaï, son attention fut attirée par un buisson en flammes. Rien de très étonnant par cette chaleur, mais… le buisson brûlait, brûlait encore, sans se consumer ! Moïse s'approcha, intrigué par cet étrange phénomène. Soudain, une voix profonde retentit du milieu du buisson – toujours ardent :
– Moïse ! Moïse !

Surpris, le berger s'immobilisa, mais répondit :
– Me voici !
– N'approche point d'ici ! reprit la Voix. Ôte d'abord tes chaussures, car le sol que tu foules est sacré ! Je suis le Dieu de ton père, Dieu d'Abraham[1], d'Isaac et de Jacob...

Moïse, pris d'une crainte respectueuse, baissa les yeux et se voila la face, ramenant un pan de sa tunique sur la tête pour éviter de porter le regard sur le Dieu des Hébreux. La Voix continuait :

– J'ai vu, j'ai vu l'humiliation de mon peuple en Égypte, j'ai entendu sa plainte contre ses oppresseurs, je connais ses souffrances. Je le délivrerai de l'esclavage, et le ferai entrer dans une autre contrée, vaste et fertile, une terre ruisselante de lait et de miel, que peuplent aujourd'hui les Cananéens.

« Va maintenant, c'est toi que je délègue vers Pharaon ; fais sortir d'Égypte mon peuple, les enfants d'Israël*[2] !

Moïse avait écouté avec attention et respect la Voix qui s'adressait à lui. Mais la dernière phrase, l'ordre inattendu proféré par la Voix, le fit vivement réagir.

– Moi ? Mais qui suis-je, pour aborder Pharaon et faire sortir d'Égypte les Israélites[3] ? Cette mission n'est pas pour moi !

---

1. Nom des trois Patriarches, ancêtres et fondateurs du peuple hébreu.
2. Israël ici ne désigne jamais un pays, mais un homme : c'est le deuxième nom du patriarche Jacob. Il désignera ensuite le peuple issu de cet ancêtre.
3. « Enfants d'Israël », descendants de l'un des fils de Jacob.

La Voix répondit :

– Je serai avec toi ; et quand tu auras fait sortir ce peuple d'Égypte, vous reviendrez sur cette montagne pour y adorer le Seigneur.

Moïse objecta :

– Ainsi, je vais simplement trouver les enfants d'Israël et je leur dis : « Le Dieu de vos pères m'envoie vers vous »... Mais ils ne me connaissent même pas ! Et s'ils me demandent : « Quel est son nom ? », que vais-je leur répondre ?

La Voix répondit à Moïse :

– Je suis Yahvé, Celui qui est. Ainsi parleras-tu aux Israélites : « C'est Celui-qui-est qui m'envoie. » Tel est mon nom à jamais. Va rassembler les Anciens d'Israël, ajouta Yahvé, et dis-leur : « L'Éternel, Dieu de vos pères, Dieu d'Abraham, d'Isaac et de Jacob, m'est apparu. Il a résolu de vous faire monter, de l'Égypte où vous êtes esclaves, jusqu'au territoire des Cananéens, terre où coulent le lait et le miel. » Ils écouteront ta voix ; alors tu iras, avec eux, trouver le roi d'Égypte, exiger qu'il vous laisse partir.

– Mais ils ne me croiront pas ! protesta Moïse. Je n'ai rien fait pour mériter un tel honneur, une telle charge !

– Qu'as-tu à la main ?

– Un bâton.

– Jette-le à terre !

Moïse obéit, et aussitôt le bâton devint serpent. Le berger recula d'un bond à cette vue, mais la Voix l'arrêta :

– Reviens ! Tends la main, et saisis la queue du serpent.

Moïse s'exécuta avec prudence, et le serpent redevint bâton dans sa main. Mais il le considérait encore avec défiance.

– Ceci prouvera aux enfants d'Israël que c'est bien l'Éternel, le Dieu de leurs pères, qui t'envoie. Et s'ils restent sourds à ta voix, voici ce que tu feras : mets ta main sur ta poitrine...

L'homme mit la main contre sa poitrine, puis l'en retira : elle était tachée de blanc, toute lépreuse !

– Replace ta main sur ta poitrine.

Il refit les mêmes gestes, et sa main était sans tache, elle avait repris sa chaude couleur brune.

– Et s'ils restent incrédules, prends l'eau du fleuve et répands-la à terre : elle deviendra du sang !

Mais Moïse restait rétif. Il objecta :

– De grâce, Seigneur ! Je ne sais pas bien parler, depuis toujours ma bouche et ma langue sont malhabiles, et les Hébreux ne me comprendront pas !

– Qui a donné une langue à l'homme, qui le rend sourd, muet ou aveugle, si ce n'est moi, l'Éternel ? Va, je serai à ton côté et je seconderai ta parole.

Moïse se débattait encore :

– Je t'en prie, Seigneur ! Donne cette mission à quelqu'un d'autre ! Elle est bien trop grande pour moi !

– Eh bien, rétorqua l'Éternel en colère, et sa Voix avait pris les teintes de l'orage, c'est ton frère, Aaron le

Lévite[1], qui prendra la parole pour toi.

– Mon frère Aaron ?

Moïse ne savait pas qu'il avait un frère.

– Oui, déjà il vient vers toi, tout heureux de te retrouver. Il parlera, tu l'inspireras ; moi je vous assisterai tous deux. Quant à ce bâton, garde-le à la main : c'est par lui que tu accompliras les miracles.

Moïse n'avait plus aucun argument à opposer à l'Éternel. Encore troublé, il s'inclina.

---

1. « Fils de Lévi », plus exactement homme de la tribu de Lévi, l'un des douze fils de Jacob-Israël.

CHAPITRE 4
LE RETOUR EN ÉGYPTE

Rentré auprès de Jéthro et de Tsippora, Moïse ne pouvait se résoudre à annoncer son départ. Comment expliquer à son beau-père ce que lui-même arrivait à peine à croire ? Mais son trouble était si visible que Jéthro l'invita à sortir de son silence.

– Je dois rejoindre mes frères en Égypte, répondit Moïse.

– D'où te vient cette idée soudaine ? s'étonna Jéthro.

Moïse raconta alors ce qui s'était passé au mont Horeb. Jéthro l'écouta attentivement, sans l'interrompre, et quand il eut fini son récit :

– Le Dieu de tes pères t'a choisi. Tu as raison, tu dois obéir.

– Mais pourquoi moi ?

Moïse semblait terrassé.

– Tu n'as jamais oublié d'où tu venais ; et je t'ai toujours vu agir selon le bien. Ou, plus simplement, ton Dieu t'avait déjà choisi dès avant ta naissance ? Comment puis-je savoir ?

Moïse soupira, il semblait embarrassé. Jéthro le regardait, intrigué. Son gendre se décida enfin à avouer :

– Il y a longtemps de cela, j'ai tué un homme.

– Tué ? répéta Jéthro, stupéfait. Qui ? Et pourquoi ?

Après avoir prêté une oreille attentive aux révélations de son gendre, Jéthro finit par dire :

– Tu as fait ce qui te semblait juste alors, puisque tu défendais un de tes frères. Ce n'était pas une simple brutalité. Maintenant, tu sais ce que c'est que tuer, et tu as pris conscience de la gravité extrême d'un tel acte. Ton Dieu sait lire dans les cœurs : peut-être est-ce cela qui fait de toi son élu ?

Moïse réfléchit longtemps, puis, avec un nouveau soupir :

– Je dois partir, alors ?

– Tu le sais bien, répondit Jéthro. Va en paix !

Le lendemain, Moïse fit monter sur un âne sa femme et leurs deux fils, il saisit son bâton, et ils partirent pour l'Égypte.

Quelques jours plus tard, comme Moïse et Tsippora faisaient halte au pied de la montagne sacrée, ils virent venir à eux une petite troupe composée de trois hommes. Tsippora laissa Moïse avancer à leur rencontre, mais, sous ses longs cils, elle ne perdait pas une miette de ce qui se passait. Or le plus âgé des hommes ressemblait beaucoup à son époux. Un peu moins grand que lui, certes, mais avec une chevelure tout aussi bouclée quoique un peu plus claire, le front aussi haut, le menton volontaire, le regard lumineux sous des sourcils arqués : c'était là Aaron, à n'en pas douter !

Aaron était venu au monde trois ans avant son frère, avant l'ordre de Pharaon de tuer tous les nouveau-nés hébreux. C'est un songe qui l'avait envoyé au mont Horeb, au-devant de Moïse, accompagné de deux jeunes voisins, Daniel, l'aîné de Nathan, et Ohad, le fils de Ruben.

Les frères, qui ne s'étaient jamais vus, se reconnurent néanmoins et tombèrent dans les bras l'un de l'autre. Longtemps ils s'étreignirent, sous le regard ému de Tsippora. Le premier-né parlait mal l'égyptien, le second, pas du tout l'hébreu, pourtant ils échangèrent quelques paroles… et, miraculeusement, ils se comprirent !

Quand ils réussirent à se détacher l'un de l'autre, Aaron s'étonna de la présence de la jeune femme :
– Quoi ! Alors que tous nos frères rêvent de quitter l'Égypte, toi tu veux y emmener ta femme et tes fils ? C'est absurde !

Toujours en arrière, Tsippora se mordit les lèvres en entendant cette réflexion. Mais que faire ? Comme Moïse réfléchissait longuement, c'est elle qui le tira d'embarras en lui disant :
– Quoi que tu décides, ce sera bien, et je ferai selon ta volonté.

– Mieux vaut que tu rentres à Madian, se résigna alors Moïse. Les temps à venir seront durs, et la vie sera plus facile pour toi et nos fils auprès de ton père. Plus tard vous me rejoindrez.

Le cœur gros mais sans mot dire, Tsippora s'inclina devant la décision de son époux. Le lendemain à l'aube, Moïse bénit sa femme et ses fils, puis confia à Daniel et à Ohad, les compagnons d'Aaron, le soin de les escorter jusque chez Jéthro.

Alors seulement Moïse expliqua à Aaron ce que Yahvé attendait d'eux.

Accompagné de son frère, vêtu d'une simple tunique sous un manteau enveloppant, comme les nomades du désert, et non plus à la mode égyptienne, Moïse entrait cette fois dans le quartier hébreu de Ramsès en suscitant l'intérêt plus que la méfiance. Les enfants l'entouraient, les femmes le lorgnaient de l'embrasure des portes, les anciens – trop âgés pour travailler – le saluaient de loin, quand Aaron, en passant, les invitait à venir jusque devant chez lui pour entendre l'important message dont était porteur son frère Moïse. Enfin, suivis d'une troupe d'enfants curieux, ils parvinrent dans la petite maison d'Aaron, où vivaient non seulement sa femme Élishéba et leurs fils, mais aussi sa mère Yokébed et sa sœur Myriam.

Moïse s'inclina pour passer la porte, un peu basse pour sa haute stature. Quand il redressa la tête, d'abord il ne distingua rien, tant il faisait sombre à l'intérieur. Le temps de s'accoutumer à l'obscurité, il découvrit face à lui deux silhouettes, deux femmes qu'il reconnut sans peine. Elles avaient bien changé, pourtant, celles qui avaient protégé sa petite enfance : Myriam était aujourd'hui une grande et belle femme, à peine plus âgée qu'Aaron, et Yokébed, sa nourrice – sa mère en réalité, comme l'avait pressenti Bitya –, s'était voûtée, sa peau s'était parcheminée, ses yeux s'étaient voilés. Mais Moïse ne voyait rien de tout cela, submergé par la tendresse, et des larmes d'enfant sillonnaient ses joues d'homme.

Il embrassa longuement sa mère, toute petite entre ses bras, puis sa sœur. Après seulement, ses larmes séchées, il salua sa belle-sœur et ses neveux Nadab, Abihou, Éléazar et Itamar, restés respectueusement à l'écart. Quand la parole leur revint à tous, ce fut un déluge d'exclamations, de questions.

– Mon fils ! Tu n'es pas mort ! Vous vous souvenez ?

– Mon frère ! Où étais-tu ? Que tu es grand !

– Un si petit berceau... Je n'imaginais plus... Sauvé par la fille...

– ... te revoir ! Et tes yeux !... de Pharaon...

– ... si beaux, comme ceux de père. Un miracle !

Moïse écoutait de toute son âme la musique de cette langue qu'il apprenait petit à petit, et qui lui semblait aujourd'hui venir du fond de son enfance, si douce. Au milieu de tout ce bonheur, il sentit pourtant une légère morsure au cœur en entendant nommer la fille de Pharaon. Comment oublier cette part de sa jeunesse ? Il la balaya pourtant de ses pensées… Une autre peine l'assaillit encore, quand il apprit la mort de son père, Amram, le petit-fils de Lévi, qu'il n'avait presque pas connu.

Alors que les siens entouraient ainsi Moïse de leur amour et de leur chaleur, l'importance de sa mission lui apparut, soudain lumineuse.

Les deux familles voisines, celle de Ruben de la tribu de Dan, le père d'Ohad, et celle de Nathan le Lévite, le père de Daniel, s'étaient massées près de la porte pour souhaiter la bienvenue au nouvel arrivant. Seuls manquaient les deux jeunes gens chargés d'escorter Tsippora, qui n'étaient pas encore rentrés. Sinon, tous, hommes, femmes et enfants, suivaient du mieux qu'ils le pouvaient l'émouvante scène de retrouvailles et prenaient bruyamment part à la joie de leurs amis.

***

Aaron ainsi que Myriam étaient très écoutés et respectés par les autres Hébreux pour leur sagesse et leur science de la prophétie*. Aussi les Anciens, Ruben, Nathan et tous les autres, arrivèrent-ils rapidement sur la petite place devant la maison d'Aaron. Certains des voisins et des curieux demeurèrent, mais à la périphérie. Quant aux femmes, elles se retirèrent pour la plupart dans leurs maisons.

Aaron se présenta sur le seuil, encadré par Myriam et Moïse, et commença :

– Vous avez devant vous Moïse, mon frère, que le Dieu de nos pères a choisi pour porter sa parole auprès du roi d'Égypte.

Or Moïse restait debout à son côté, sans dire mot, les yeux presque clos. Les regards de l'assistance passaient de l'un à l'autre des deux hommes, puis se croisaient, interrogatifs : il semblait bien silencieux, celui-là, drôle de choix pour porter une parole divine !

– Vous savez que, depuis l'arrivée en ce pays de Joseph* fils de Jacob, notre situation a bien changé. Autrefois, il y a des générations de cela, Joseph était grand vizir au royaume d'Égypte. Il a fait venir nos pères avec leurs troupeaux, car Pharaon, celui qui régnait alors, leur avait accordé des terres fertiles pour y faire paître librement leurs bêtes. La vie était douce, en ce temps-là !

Les Anciens poussèrent de grands soupirs à cette évocation, cette belle histoire qui avait bercé leur enfance de misère. Voilà ce que leur racontaient leurs mères et leurs grand-mères quand ils étaient petits, pour leur faire oublier la dure réalité : leurs frères mourant sous le fouet.

– Hélas, continua Aaron, les fils de Pharaon ont oublié la prospérité apportée par Joseph, et ils nous ont réduits en esclavage. Mais notre Dieu, le Dieu de nos pères, s'est souvenu de nous et nous a envoyé Moïse.

Moïse ne bougeait toujours pas, écoutant les paroles d'Aaron, attentif aussi à la tension qu'il percevait dans cette foule. Ces hommes lui accorderaient-ils leur confiance ? Lui-même était si différent d'eux, réussirait-il à les convaincre ? Il se sentait si peu armé pour cela ! Il n'avait pas tort : l'incompréhension, le doute se lisaient toujours sur les visages ridés de l'assistance. De son côté, Aaron préféra ignorer ce questionnement muet des Anciens, et poursuivit :

– Dès demain, nous irons demander à Pharaon de nous laisser sortir dans le désert, à trois journées de chemin, pour offrir un sacrifice* à l'Éternel notre Dieu.

Un brouhaha incrédule accueillit cette déclaration :

– Sortir d'ici ?

– Pharaon ne voudra jamais !

– C'est de la folie !

Aaron ajouta alors, en élevant la voix :

– Pour prouver à son peuple que Moïse est bien son envoyé, notre Dieu lui a révélé son nom, Yahvé, Celui qui est, et lui a confié son bâton sacré.

À ces mots, Moïse sortit enfin de son immobilité : il fit un pas en avant et leva les yeux sur les Anciens ; tous se turent, frappés par le feu de ce regard sombre. Le prophète* jeta alors le bâton à terre, où il devint serpent. Des exclamations de peur et de surprise jaillirent de l'assistance. Moïse accomplit successivement devant l'assemblée tous les prodiges que l'Éternel lui avait fait exécuter dans le désert.

Ruben, enfin sûr qu'Aaron disait vrai, courba la tête, puis se prosterna en même temps que Nathan devant le Dieu des Hébreux, leur Dieu. Ils furent aussitôt imités par tous les Anciens.

CHAPITRE 5
FACE À PHARAON

Le lendemain, Moïse se présenta avec Aaron devant Pharaon, non sans anxiété. Qu'allait-il trouver là ? Il n'y avait pas de risque que Bitya, une femme, assistât à l'entrevue, heureusement : il n'aurait pas su maîtriser un élan de tendresse pour celle qui s'était montrée une mère si aimante. Mais tant d'autres souvenirs le guettaient…

Il y avait peu de changements dans le décor fastueux de la Grande Maison, hautes colonnes et murs peints de couleurs vives, couverts de signes sacrés, dorures et bois précieux… Aux portes, des gardes en armes ; partout, une nuée de serviteurs, portant des plateaux de boissons et de douceurs ou bien agitant de larges éventails de palmes, veillait au confort des plus hauts courtisans, et surtout du roi. Le grand-père adoptif de Moïse était certainement mort, car sur le trône élevé siégeait un nouveau pharaon, coiffé du pschent, la double couronne symbole des Deux-Royaumes. C'était l'un des princes que Moïse avait côtoyés de si près dans son enfance, un cousin en quelque sorte. Il en fut très ému, mais réussit à le cacher : vêtu à la mode hébraïque, un pan de son manteau ramené sur sa tête, il ne voulait surtout pas être reconnu ! Seule comptait sa mission, il devait oublier son passé égyptien.

Il se concentra pour entendre mieux encore la parole divine, et la souffla à Aaron. Et Aaron la traduisit devant Pharaon.

– Ô Pharaon, ainsi a parlé l'Éternel, Dieu d'Israël : laisse partir mon peuple, qu'il célèbre mon culte dans le désert !

– Qu'est-ce que c'est que ces histoires ? Quel est cet Éternel dont je dois écouter la parole ? railla Pharaon. Je ne le connais pas, ton Éternel, et ne laisserai certes pas sortir Israël !

Les courtisans de Pharaon riaient autour de lui. Quelques-uns parmi eux considéraient avec curiosité le grand homme silencieux et imposant à côté d'Aaron : d'où leur venait cette impression vague de l'avoir déjà vu ?

Comme Aaron insistait, soutenu par la présence de Moïse, Pharaon se mit en colère :

– Que cherchez-vous ? À débaucher les Israélites de leurs travaux ? Alors que j'ai tant besoin d'eux, vous voudriez que je fasse interrompre leurs corvées ? Allez à vos affaires !

Et, aussitôt, Pharaon fit jeter dehors sans ménagement les deux émissaires.

Une foule les attendait à l'entrée du quartier des esclaves. Aaron dut annoncer aux hommes pleins d'espoir que l'entrevue avait tourné court. Les Israélites ne laissèrent pas à Aaron le temps de s'expliquer davantage, déjà ils repartaient, haussant les épaules, le dos voûté, résignés :

– Tu entends ? Je te l'avais bien dit !

– Aaron s'est fait berner ! Un envoyé de Dieu, ce Moïse ? Et quoi encore ?

– Comme si Pharaon allait nous laisser partir...

– Ça, pour raconter des histoires, il doit être fort, l'étranger...

– ... Quand il sort de son silence !

De retour à la maison, Moïse s'enferma dans la solitude et le mutisme. Il se demandait s'il n'avait pas tout rêvé, le buisson ardent, la Voix, le serpent, la lèpre. Mais la parole divine continuait à retentir dans son esprit, impérieuse. La maison s'était faite silencieuse, tous se faisaient du souci pour Moïse. Ce n'est qu'au bout de quelques jours que celui-ci finit par demander à Aaron :

– Mon frère, j'ai besoin de toi. Nous ne pouvons accepter le refus de Pharaon, il nous faut insister, et insister encore. Jusqu'à ce qu'enfin il reconnaisse la puissance de notre Dieu et laisse sortir les enfants d'Israël de leur servitude.

– Tu es sûr de toi ? Nous serons seuls, aucun Hébreu ne nous soutiendra désormais.

Mais Aaron ne demandait qu'à espérer, Moïse le sentait...

– De moi ? (Moïse haussa les épaules.) Je suis sûr de l'Éternel notre Seigneur. Pharaon a le cœur endurci, il nous faudra du temps, mais nous réussirons. Et plus notre libération aura été difficile à obtenir, plus le pouvoir de Yahvé éclatera aux yeux de nos ennemis.

Convaincu de l'importance de leur mission, prêt à tout endurer avec Moïse pour la mener à bien, Aaron étreignit son frère avec émotion, et les deux hommes se préparèrent à retourner chez Pharaon.

Arrivés au palais, les deux envoyés suivirent scrupuleusement les recommandations que Moïse tenait de l'Éternel.

– Laisse sortir mon peuple d'Égypte, voilà ce que demande l'Éternel notre Dieu, dit Aaron.

Et il jeta à terre le bâton de Moïse, qui se changea en serpent devant les courtisans effrayés.

Seul Pharaon ne se laissa pas impressionner.

– Faites venir mes mages, fit-il d'un ton sec.

Et, quand ils furent là, il leur désigna le serpent qui ondulait en sifflant sur le sol de marbre :

– Faites-en autant, ordonna-t-il.

Aussitôt, les magiciens jetèrent leurs propres bâtons au sol, où ils se changèrent également en serpents ! Mais en quelques mouvements, sous les yeux horrifiés de l'assistance, celui de Moïse les dévora tous.

Pourtant Pharaon ne se laissa pas convaincre et renvoya de nouveau les émissaires.

Le lendemain, Moïse et Aaron revinrent :
– Laisse sortir mon peuple d'Égypte, demanda encore Aaron, au nom de Yahvé. Si tu ne le fais pas, le châtiment de notre Dieu sera terrible !

Comme Pharaon demeurait intraitable, Aaron l'invita à les suivre jusqu'au bord du Nil. Le roi, bien sûr, ne bougea pas, mais plusieurs courtisans sortirent à leur suite. Ils purent voir alors Moïse lever son bâton sur les eaux du fleuve et celles-ci se teinter de rouge ! L'eau s'était changée en sang ! La nouvelle fit le tour de la ville, puis du pays, à la vitesse de l'éclair. Tous les Égyptiens s'affolèrent : comment boire, comment arroser les cultures, s'il n'y avait plus d'eau ?

Mais Pharaon convoqua ses magiciens, qui réussirent, eux aussi, à changer de l'eau en sang.

– Et vous prétendez que votre Dieu est tout-puissant ? Il ne fait rien que mes mages ne sachent faire, dit le roi, méprisant.

Aaron et Moïse sortirent de la Grande Maison, le second réconfortant le premier.

– Nous savions qu'il en serait ainsi, dit Moïse à son frère. Ces refus ne doivent pas nous atteindre, ils sont la volonté de Dieu. Mais un jour…

Et Aaron acquiesça, s'interdisant de douter. Pourtant, Moïse n'était pas aussi tranquille qu'il le paraissait.

Ce n'était pas de la puissance divine qu'il doutait, mais de ses propres capacités…

Une semaine plus tard, quand les eaux du fleuve eurent retrouvé leur transparence, les deux frères se présentèrent de nouveau au palais :

– Laisse sortir mon peuple d'Égypte, répéta Aaron.

Et, devant le refus de Pharaon, Moïse leva de nouveau son bâton sur le fleuve, et des crapauds en sortirent, des milliers de crapauds qui couvrirent le sol d'Égypte de leur masse visqueuse !

Ce fut un cri d'horreur à travers tout le pays. Le lendemain, Pharaon fit mine de s'incliner, convoqua les deux prophètes et leur demanda de faire disparaître ces animaux répugnants. En échange, il laisserait les Hébreux sortir d'Égypte.

Mais quand les crapauds eurent en effet disparu, il revint sur sa promesse et renforça la garde autour du quartier hébreu.

Alors commença une terrible lutte.

Semaine après semaine, les deux envoyés se présentaient devant Pharaon. « Laisse sortir mon peuple d'Égypte », martelait Aaron.

Semaine après semaine, Pharaon repoussait leur requête.

Semaine après semaine, une nouvelle plaie s'abattait sur le pays.

Des nuées de moustiques infestèrent la région, puis des essaims de taons.

– Laisse sortir mon peuple d'Égypte.

Même les plus grands mages égyptiens ne réussissaient pas à exécuter de tels prodiges.

Mais Pharaon ne fléchit pas.

Les troupeaux égyptiens furent anéantis par une peste mortelle, puis les Égyptiens eux-mêmes recouverts de plaies purulentes.

– Laisse sortir mon peuple d'Égypte.

Les courtisans de Pharaon ne regardaient plus Moïse avec curiosité, mais avec terreur : il ne parlait pas, certes, mais c'était lui qui levait son bâton, c'était lui qui exécutait les menaces de son Dieu. Et son silence recueilli, ses yeux pleins de flammes leur inspiraient plus de frayeur encore que les paroles d'Aaron.

Pourtant, si Moïse et Aaron avaient fini par produire grande impression sur les Égyptiens de la cour, ils n'avaient pas le même pouvoir sur les Hébreux ! Rentrés chez eux après toutes leurs entrevues, les prophètes devaient encore répondre aux questions de Nathan, d'Éliahou, de Noun, de Ruben – tous ceux qui, voyant les deux frères persévérer auprès de Pharaon, avaient fini par croire en eux, en leur mission, en une délivrance prochaine. Moïse avait d'abord été heureux de ce revirement, il en avait tiré de l'assurance.

Chaque fois que les deux hommes sortaient de la

Grande Maison, ceux-là s'agglutinaient autour d'eux. Mais le temps passant, les hommes s'impatientaient :

– Vous nous aviez pourtant dit !…

– Quand donc à la fin, quand sortirons-nous de ce pays d'esclavage ?

Moïse s'attristait, comprenant leur espoir déçu. Mais il n'en laissait rien paraître, et c'était Aaron qui leur rappelait la promesse divine :

– Silence, enfants d'Israël ! Cessez de douter ! Bientôt l'Éternel vous fera sortir d'esclavage. Ne l'a-t-Il pas promis ?

L'un après l'autre, les fléaux s'abattaient sur le royaume. Les champs des Égyptiens furent dévastés par la grêle, puis par un nuage de sauterelles. Seule la terre de Goshen, où vivaient les Hébreux, fut épargnée par ces malheurs.

– Laisse sortir mon peuple d'Égypte.

Les Égyptiens, terrifiés, réclamaient à grands cris qu'on laissât partir les Hébreux, qui leur valaient toute cette misère. Les courtisans même tentaient d'ébranler la volonté royale. Peine perdue.

Toutefois, autour des deux frères, la foule s'éclaircissait, gagnée par la déception, et les paroles étaient de plus en plus amères.

– Des promesses, voilà tout ce que vous savez faire…

– Il ne suffit pas d'être un beau parleur pour être un prophète !

– Au moins, nos idoles ne nous racontent pas d'histoires, elles.

– Oui, elles sont sûrement plus puissantes que votre Dieu !

Quel déchirement ! Moïse ne savait comment combler le fossé qui se creusait entre le Dieu qu'il vénérait et ce peuple, ces hommes qu'il avait appris à comprendre, à aimer… Mais il ne supportait pas leur versatilité : un jour confiants, croyant à leur délivrance, et l'injure à la bouche le lendemain. Comment y faire face ? C'était toujours Aaron qui prenait la parole pour les remettre dans le droit chemin :

– Laissez vos idoles, elles ne sont rien ! Seul Yahvé a entendu votre souffrance, et bientôt vous partirez d'ici ! Voyez comme les Égyptiens sont touchés dans leurs biens et dans leur chair, alors que nous, nous sommes épargnés. Priez, priez le Dieu de vos pères…

Une nouvelle plaie frappa les Égyptiens : les ténèbres les plus opaques recouvrirent le pays trois jours durant. Le pays tout entier, sauf Goshen.

– Laisse sortir mon peuple d'Égypte.

Pharaon s'entêtait dans son refus.

CHAPITRE 6
LA SORTIE D'ÉGYPTE

Plus de deux mois s'étaient écoulés depuis la première entrevue avec Pharaon, quand Moïse apprit de la Voix divine que la libération de son peuple était imminente. Envahi par un tout nouveau sentiment d'exaltation, il alla trouver Pharaon en compagnie d'Aaron, comme ils l'avaient fait tant de fois déjà :

– Laisse sortir mon peuple d'Égypte, prononça Aaron. Sinon...

Moïse, pour la première fois, s'empara de la parole pour brandir la plus cruelle des menaces, si Pharaon ne cédait pas :

– Ainsi parle l'Éternel : « Au milieu de la nuit, J'irai à travers l'Égypte, et tous les premiers-nés périront, du premier-né de Pharaon à celui de l'esclave. Seuls les enfants d'Israël ne seront pas touchés. Un grand cri s'élèvera alors par le pays, et tous vous vous prosternerez devant Moi, et Me supplierez : "Va-t'en, toi et tout le peuple qui t'obéit !" Alors, oui, Je partirai. »

Au fur et à mesure que Moïse prononçait ces mots,

la colère de Yahvé montait en lui, sa voix tonnait, ses yeux noirs étincelaient, pétrifiant courtisans, gardes et serviteurs du roi.

Pourtant, quand Moïse tourna le dos à Pharaon et sortit, celui-ci ne fit rien pour le retenir.

Quand les deux émissaires furent de retour dans le quartier hébreu, ils convoquèrent immédiatement les Anciens. Il y avait longtemps que cela n'était pas arrivé ; aussi les Anciens, curieux, se rassemblèrent-ils très rapidement malgré leurs préventions contre Moïse. D'autres, plus jeunes, les entouraient, avides d'entendre ce qu'annonceraient les deux frères. En dehors des voisins, Ohad et Daniel, il y avait là ceux qui ne s'étaient pas laissé décourager, Josué fils de Noun, Caleb fils de Yephounné, quelques autres encore.

Quand les prophètes se présentèrent sur le seuil, le silence se fit, profond : Aaron s'était mis en retrait, Moïse, au centre, dardait son regard de flamme sur les Anciens. Pour la première fois, il prit la parole dans un hébreu à peine hésitant.

– L'Éternel a parlé. Ce soir vous vous purifierez puis vous choisirez dans votre troupeau un agneau d'un an, sans tache, que vous immolerez en sacrifice. Vous recueillerez son sang dans un bassinet et, à l'aide d'une poignée d'hysope[1] trempée dans ce bassin,

---

1. *Plante aromatique méditerranéenne.*

vous teindrez de sang le linteau et les deux montants de votre porte. Ensuite, vous rentrerez chez vous, et...

– Mais pourquoi ? demanda Nathan.

– Que se passe-t-il ? s'inquiéta Joël.

Moïse poursuivit :

– ... Et que personne ne sorte jusqu'au matin. Cette nuit, l'Éternel parcourra l'Égypte et tuera tous les premiers-nés, celui de Pharaon comme celui du dernier des esclaves.

Des gémissements, des cris d'angoisse s'élevèrent dans l'assistance. Moïse haussa la voix pour couvrir ce tumulte.

– Mais Il regardera le sang appliqué au linteau et aux deux poteaux, et Il passera sans entrer dans les maisons marquées de ce signe. Ainsi, l'Exterminateur vous épargnera.

Les hommes s'entreregardaient. Ils n'étaient pas encore rassurés, loin s'en faut. Des femmes pleuraient.

– Surtout, suivez bien mes instructions, insista Moïse, et Yahvé passera au-dessus de vos maisons.

Il les observait, partagé entre la bienveillance et l'irritation.

– Tu es sûr que ces précautions suffiront ? finit par demander Ruben.

– Si je n'en étais pas certain, je ne vous aurais pas prévenus, rétorqua Moïse sèchement. Allez, ajouta-t-il d'une voix plus douce, rentrez vite chez vous pour sacrifier l'agneau. Il faut que vous ayez terminé à la nuit. Restez bien enfermés ensuite, et profitez-en pour préparer ce que vous emporterez : n'oubliez pas que demain est le jour où vous sortirez d'Égypte !

La conviction de Moïse était si forte qu'elle emporta celle des Anciens, qui laissèrent éclater leur joie. Avec de bruyantes exclamations, ils se congratulèrent et s'embrassèrent. Les plus pressés s'éloignaient déjà vers leurs demeures quand Moïse les arrêta :

– Rendons d'abord hommage à Yahvé, ensuite vous regagnerez vos habitations.

Tous se prosternèrent alors, le cœur plein de gratitude envers leur Dieu, avant de se hâter vers leurs maisons pour préparer leur départ.

Chez les deux frères aussi, on se prépara. À l'intérieur, Yokébed, Myriam et Élishéba s'affairaient, l'une pétrissant la pâte à pain, l'autre apprêtant quelque nourriture et la troisième ramassant le peu d'objets, vaisselle et vêtements, qu'elles voulaient emporter hors d'Égypte. Les deux hommes, eux, sortirent pour choisir dans l'enclos le plus bel agneau du troupeau ; Aaron l'immola en l'honneur de l'Éternel tandis que, dans un bassin, Moïse en recueillait le sang ; enfin, à l'aide d'une poignée d'hysope, ils teignirent de ce sang le linteau et les montants de la porte.

Leur tâche achevée, Aaron rentra. Moïse resta à écouter la sourde rumeur qui montait de tout le quartier hébreu. Au bêlement des agneaux se mêlaient les pleurs des enfants qu'on bousculait, le bruit des récipients qu'on entrechoquait... quand ils ne se brisaient pas ! On voyait devant les maisons les silhouettes qui finissaient de teindre de sang les montants des portes, puis rentraient se calfeutrer. Nathan, sur le seuil de sa demeure, fit un signe amical à son voisin. Puis il disparut à l'intérieur pour aider sa femme, Salomé, et leurs enfants, Daniel, Tsilla et Esther. Un peu plus loin, Ruben, Hanna son épouse, Ohad et Ghidoni leurs fils accomplissaient sans doute les mêmes gestes ; plus loin encore Joël et Déborah, et Caleb, et Josué… Moïse sentit sa poitrine se gonfler d'espoir ; enfin le départ, enfin libres !… Il leva son visage vers le ciel et remercia Yahvé avec ferveur.

De toutes les maisons montaient dans un murmure la même prière à Dieu, les mêmes paroles d'espoir et de reconnaissance – et de louange pour Moïse qui leur ouvrait la porte vers la liberté.

Aucun des Hébreux ne dormit cette nuit-là. Au milieu de la nuit, des cris retentirent à travers tout le pays d'Égypte, une clameur terrible qui enflait, enflait, au fur et à mesure que, dans une nouvelle maison – palais ou cabane –, d'autres parents découvraient que leur fils aîné venait de mourir dans son lit ou son berceau.

Certains Égyptiens n'attendirent pas le jour et avant l'aube affluèrent sur la terre de Goshen, implorants, se traînant à genoux devant les enfants d'Israël.

– Partez, partez vite !

– Partez avec votre Dieu, qu'Il nous laisse tranquilles maintenant !

Pour hâter le départ des Hébreux, les hommes du pays avaient les mains pleines de cadeaux – vêtements, vaisselle d'or ou d'argent... Mais, en contrepartie, ils pressaient les Israélites de se mettre en chemin.

– Nous avons assez souffert, nous ne voulons pas tous mourir !

– Partez, partez au plus vite !

Il faisait encore nuit noire quand le roi fit chercher Moïse et Aaron. Dans la Grande Maison, ce n'étaient que cris et larmes, comme dans le reste du pays. Il avait fallu arracher Pharaon au corps sans vie de son fils aîné – celui qu'il préférait, celui qui devait lui succéder !

Assis sur son trône, le visage livide, les traits décomposés, le roi ne pouvait se résoudre à parler. Finalement, il cracha plus qu'il ne prononça ces mots :

– Partez vite ! Vous avez gagné, vous et votre Dieu. Allez-vous-en tout de suite, avant que je ne revienne sur ma décision !

Moïse et Aaron n'en demandèrent pas davantage et sortirent du palais en courant presque : ils ne marchaient pas, ils volaient !

***

Au quartier hébreu, une foule immense les attendait, anxieuse. Sans un mot, Moïse leva haut son bâton, dans la direction de l'est. Un formidable cri de joie jaillit de toutes les gorges, tandis que les visages s'épanouissaient. Pour la première fois sans doute depuis qu'ils le connaissaient, les Hébreux purent voir la face de Moïse éclairée par un sourire heureux.

Hommes et femmes enveloppèrent alors dans leurs manteaux le bagage et la nourriture qu'ils avaient préparés et rassemblèrent leurs troupeaux.

Ils emportaient aussi avec eux la pâte à pain qu'ils avaient pétrie durant la nuit, à laquelle ils n'avaient pas eu le temps d'ajouter du levain. Tant pis, ils la feraient cuire ainsi sur les pierres du désert, lorsqu'ils auraient besoin d'apaiser leur faim !

Quand enfin tout le peuple fut prêt, Moïse donna le signal du départ. L'immense foule s'ébranla, des milliers d'hommes, de femmes, d'enfants. Le soleil se levait, et colorait de rose la marée humaine qui émergeait de la grisaille dans un gai tumulte. Myriam, la sœur de Moïse, jouait du tambourin, imitée par d'autres musiciens, qui soutenaient les marcheurs en soufflant dans leurs flûtes ou en agitant leurs sistres en cadence. Les jeunes gens s'interpellaient :

– Ohad ! Osias ! Venez avec nous, il faut protéger nos arrières !

– Daniel, appelait Josué, viens à l'avant avec Caleb ; Moïse pourrait avoir besoin de nous !

Garçonnets et fillettes s'occupaient des troupeaux, faisant siffler leurs baguettes de jonc derrière les brebis qui s'attardaient près d'une touffe d'herbe grasse. Les femmes chargées d'enfants étaient le plus souvent juchées sur des ânes, comme les plus âgés des anciens. Celles qui le pouvaient avançaient à côté des hommes, et les paniers en équilibre sur leur tête se balançaient au rythme de leurs pas. La fine poussière soulevée par la foule en marche enveloppait tout ce monde d'un nuage ocre-rose.

Moïse observait avec émerveillement son peuple qui progressait dans la lumière. « Finis les reproches ! songeait Moïse, finies l'amertume et la laideur de la misère ! » Son cœur était plein d'amour pour eux, et de ferveur pour Yahvé.

CHAPITRE 7
LA MER DES ROSEAUX

La première étape fut Soukkot. Au moment où les Hébreux s'apprêtaient à quitter le campement, un nuage isolé, duveteux, d'un blanc brillant, apparut dans le ciel pur, juste au-dessus de la tête de Moïse. Comme celui-ci se saisissait de son bâton pour reprendre la route, le nuage se mit en mouvement. Alors le prophète le suivit, imité par Myriam et Aaron. Autour de Moïse, il y eut quelques exclamations :

– Mais où allons-nous, Moïse ? s'exclama Josué.

– Nous ne rejoignons pas la route de la Grande Mer ? renchérit Daniel.

En effet, Moïse ne remontait plus vers le chemin des Philistins, au nord-est, qui aurait été la voie la plus rapide pour atteindre le pays de Canaan, la terre promise aux Hébreux par Yahvé ; non, il avait pris la direction du sud-est, vers le désert. Avec le beau sourire qui éclairait son visage depuis le grand départ, Moïse répondit aux inquiétudes de ses proches :

– Vous ne saisissez pas ? C'est le Seigneur lui-même qui a choisi notre route. Il nous guide avec cette nuée.

Les jeunes gens rougirent un peu sous le regard gentiment moqueur de Moïse, et s'inclinèrent. La majorité du peuple ne remarqua même pas cette étonnante présence, elle suivait avec confiance son prophète.

Mais au coucher du soleil, la nuée se teinta de violet, d'orange et de pourpre, avant de s'enflammer réellement, et c'est une colonne de feu qui veilla sur Moïse et son peuple durant la nuit. Personne alors ne put ignorer le prodige, cette preuve éclatante de la sollicitude divine à leur égard.

Tous y puisaient une nouvelle énergie : Nathan encourageait Salomé, sa femme : « Tu vois comme Moïse nous guide ? C'est grâce à lui que Dieu marche avec nous, à notre tête. Pense à la terre qu'Il nous a promise ! » – et Salomé reprenait courage, et la force revenait dans ses jambes fatiguées. Ghidoni, le plus jeune fils de Ruben, menait l'âne qui portait sa mère et ne ménageait pas ses efforts : bientôt il serait libre, LIBRE ! Il épouserait la fille de Nathan, la jolie Tsilla qui emplissait ses rêves, et leurs enfants connaîtraient une vie nouvelle, ne travailleraient plus en esclaves de Pharaon, mais pour eux-mêmes, sur cette terre où coulaient le lait et le miel.

Tous avançaient vaillamment, pleins de projets et de rêves, prenant à peine le temps de se reposer, grâce à la colonne de feu qui, la nuit, éclairait leur chemin. C'est qu'ils étaient pressés d'arriver !

Or, au palais de Ramsès, depuis que le corps de son fils mort avait été transporté à la Maison de Pureté pour y être confié aux embaumeurs, Pharaon avait senti sa rage se réveiller, et il tournait en rond comme un taureau furieux, ruminant sa colère.

– Tous ces esclaves en fuite ! Ah, ce Moïse doit bien se moquer de moi ! répétait-il devant ses courtisans abattus.

Au bout de quelques jours, n'y tenant plus, il fit réunir une armée de six cents chars, d'autant de chariots pour transporter les fantassins et de centaines de cavaliers sur leurs chevaux. Il prit lui-même la tête de cette colonne, bien décidé à rattraper les Hébreux et à les massacrer jusqu'au dernier, s'il ne pouvait les ramener.

Les Hébreux venaient d'établir leur campement au bord de la mer des Roseaux. Les femmes commençaient à déballer leurs maigres affaires, les enfants ramassaient branchages et brindilles pour que les hommes puissent faire du feu, quand des cris retentirent à l'arrière, loin de Moïse. Aussitôt, ce dernier envoya Caleb, l'un des jeunes gens de son entourage, aux informations. Avant même que celui-ci soit de retour, l'affolement s'était propagé dans tout le camp.

– Voyez la poussière là-bas ! Le gros nuage !
– Un orage ? Une tornade peut-être ?
– Oui, on entend un bruit de tonnerre. Vite, arrimons les tentes !

Mais ce n'était pas une tempête, Caleb s'en rendit

vite compte. Non, c'était pire : l'immense armée de Pharaon fonçait sur les enfants d'Israël, faisant trembler la terre au galop de ses chevaux.

Les Israélites étaient acculés à la mer des Roseaux par l'armée, sans aucune issue possible ! Quand ils comprirent l'horreur de la situation, ils se retournèrent contre Moïse.
– Nous allons tous mourir ! clamaient-ils.
– Pourquoi nous as-tu emmenés jusqu'ici ? demandait l'un.
– Il n'y avait pas assez de cimetières en Égypte, pour que tu nous emmènes périr ici ? reprochait un autre.
– Mieux valait encore servir les Égyptiens ! assénait un troisième.

Moïse, abasourdi, n'en croyait pas ses oreilles. Les voilà qui regrettaient l'Égypte, qu'ils venaient de quitter dans l'allégresse ! Il croisa le regard fraternel d'Aaron et s'apaisa, assez pour entreprendre de rassurer le peuple.
– N'ayez pas peur, l'Éternel ne vous abandonnera pas maintenant ! Puisqu'il a promis de vous sortir d'Égypte, Il combattra à vos côtés.

Les Hébreux ne se laissaient pas tranquilliser si aisément. Pourtant, quand la nuée qui les précédait habituellement se déplaça et vint s'interposer entre leur campement et l'armée ennemie, ils cessèrent de gémir. C'est qu'ils entendaient, derrière le nuage, les cris des Égyptiens effrayés. Ceux-ci, perdus dans un brouillard opaque, n'y voyaient plus rien !

Au contraire, du côté hébreu, la colonne de feu illuminait la nuit qui était tombée.

Moïse rassembla alors les Israélites à la hâte et, obéissant à la Voix, pointa son bâton sur les eaux de la mer des Roseaux. Un souffle d'orage siffla, gronda sur les eaux. La houle se mit à enfler, et, tandis que des vagues écumantes jaillissaient de plus en plus haut, un couloir se creusa, se creusa face à Moïse, jusqu'à découvrir le fond de la mer ! Les Hébreux hurlaient de terreur, mais comment reculer ? Enfin les eaux marines s'ouvrirent complètement, découvrant une large allée de sable et de gravier que bordaient, comme deux murailles couronnées d'écume, deux hautes vagues mugissantes. Alors, à la lueur de la colonne de feu, levant toujours haut son bâton sur la mer, Moïse s'engagea entre les murs liquides, escorté de près par ses fidèles.

Rassérénés par la belle assurance du prophète, les plus courageux se mirent en route à sa suite ; puis les timides, honteux de leur lâcheté, suivirent à leur tour ; bientôt c'est le peuple tout entier, les hommes et les femmes, les enfants et les vieillards, qui avançait d'un pas ferme derrière son guide. Moïse marchait devant eux, inspiré, grandi, le bâton haut levé sur les eaux, fixant l'autre rive, droit devant lui. Le peuple le suivait, sans faiblir, malgré la peur qui le tenaillait – peur des soldats, peur de la mer. Et les milliers d'Israélites passèrent à pied sec, avec leurs familles et leurs troupeaux.

Quand, au matin, tous eurent traversé, la colonne de feu s'éteignit ; la nuée divine rejoignit sa place habituelle, au-dessus de Moïse, dévoilant aux yeux de l'armée égyptienne la mer ouverte en deux par l'allée de sable et de gravier. Généraux et capitaines égyptiens regardaient, éberlués, le fabuleux prodige et n'osaient s'aventurer entre les gigantesques parois liquides. Mais Pharaon, l'esprit obscurci par la rage, donna le signal de l'attaque à ses soldats.

Sur l'autre rive, sans prêter attention aux cris apeurés des Hébreux qui voulaient fuir le plus vite possible, Moïse restait concentré, attentif à ce que lui dictait la Voix. Il attendit que l'armée égyptienne tout entière se fût engagée entre les deux murs d'eau. Alors seulement, il baissa son bâton et étendit la main sur la mer. En un instant, les murailles s'écroulèrent, deux vagues immenses déferlèrent dans un terrible fracas sur l'armée de Pharaon ! En un instant, les six cents chars et autant de chariots qui transportaient les milliers de fantassins, tous les cavaliers sur leurs chevaux furent engloutis par les eaux de la mer des Roseaux.

Quand les remous eurent cessé, que la surface de la mer fut redevenue plane, semée seulement de débris de chars et de corps à la dérive, et que les Israélites furent certains qu'aucun Égyptien n'avait réchappé, un immense cri d'allégresse monta vers Yahvé et tous les Israélites laissèrent éclater leur joie. Libres, ils étaient LIBRES !

Comme ils se retournaient vers Moïse pour lui crier leur gratitude, celui-ci les incita plutôt à remercier l'Éternel. Pour détourner leur ferveur vers Celui qui seul en était digne, il fit signe à sa sœur Myriam, la prophétesse, de s'emparer de son tambourin. Elle entonna un hymne à la gloire de Yahvé, que tous reprirent en chœur : toujours, toujours, ils se souviendraient qu'ils avaient été esclaves en Égypte, et que c'était Lui qui les avait libérés.

Ils débordaient de reconnaissance et de foi en l'Éternel – et en son serviteur Moïse.

CHAPITRE 8

LA FAIM ET LA SOIF

Après l'action de grâces rendue à l'Éternel, le peuple reprit sa route à travers le désert de Chour avec entrain. En tête marchaient Moïse, Myriam et Aaron, Josué et les jeunes fidèles. À une certaine distance devant eux, le nuage indiquait toujours le chemin de jour, remplacé la nuit par la colonne de feu.

Les Hébreux avançaient d'oasis en oasis ; ils y trouvaient l'eau nécessaire, et ils avaient d'abondantes provisions, composées de pain azyme, de fruits séchés et d'un peu de viande salée. Nathan n'avait pas besoin d'encourager Salomé, ni Ruben sa chère Hanna. Ni le soleil brûlant, ni les pierres dures à leurs pieds nus n'entamaient leur confiance et leur espoir : ils marchaient vers la Terre promise…

Mais, dans le désert de Sîn, les provisions commencèrent à diminuer ; bientôt il n'en resterait miette. La bonne humeur disparut alors, et les Israélites se mirent à considérer Moïse d'un œil de plus en plus vindicatif.

Le prophète, toujours en tête avec Aaron, Josué ou quelque autre proche, comprenait bien l'angoisse de son peuple. Mais où trouver de la nourriture ?

Jusqu'au soir où, après une longue marche harassante, Joël laissa exploser sa rancœur :

– Au moins chez les Égyptiens, nous avions de quoi manger !

– De pleines marmites de viande ! renchérit Ruben.

– Du pain ! ajouta Éliahou. De belles miches de pain...

– Mieux aurait valu nous laisser mourir là-bas, gémit Raphaël...

Ce fut un crève-cœur pour Moïse d'entendre de telles récriminations. De quelles marmites parlaient-ils ? De quelle viande ? En vérité, les Hébreux n'en mangeaient pas souvent, quand ils étaient esclaves ! C'était sans doute la faim qui les faisait délirer...

Le lendemain matin, un miracle les attendait : une fine couche blanche recouvrait les pierres du désert, aussi fine que du givre, mais floconneuse.

– Qu'est-ce que c'est que ça ? s'interrogeaient les hommes.

– C'est le pain que vous offre l'Éternel, répondit Moïse. Ramassez-en pour vous et votre famille, autant qu'il vous en faut pour aujourd'hui, mais pas plus ! Inutile de faire des provisions, elles ne se conserveraient pas...

Tous les hommes se lancèrent avec avidité dans ce

ramassage, et chacun récolta autant qu'il lui en fallait. Le sourire revint d'un coup sur les visages amaigris. Quelques-uns pourtant restaient méfiants. Moïse vit Ruben et Ohad poursuivre leur cueillette et en mettre une partie de côté, en réserve. Il les apostropha :

– Que vous ai-je dit ? N'avez-vous pas ce qu'il vous faut pour aujourd'hui ?

Les deux hommes, le regard fuyant, rentrèrent sous leur tente, faisant mine de n'avoir pas entendu. Mais le soir même, on put entendre une violente dispute opposer le père et le fils : les flocons étaient tout pourris et mangés de vers ! Moïse estima qu'ils étaient assez punis et n'insista pas.

Ce pain si léger, au goût de beignet au miel, les Hébreux le nommèrent la « manne ». Ils pouvaient l'accommoder de différentes façons, crue ou cuite, en bouillie ou en galettes craquantes. Et chaque matin, la manne recouvrait le sol. Au soir du cinquième jour de récolte, Moïse réunit à nouveau les Anciens.

– Demain sera le sixième jour, vous recueillerez double quantité de manne. Attention, conservez-en la moitié pour le lendemain, car il n'y en aura pas le septième jour. Retenez ceci : le septième jour est le jour chômé du shabbat* – jour saint où aucun de vous ne travaillera, en l'honneur de l'Éternel qui a créé le monde en six jours, et s'est reposé le septième.

En effet, le sixième jour, la quantité de manne fut double de celle des autres jours. Et la conservation en fut parfaite ! Pas de pourriture ou de vers cette fois...

Cela n'empêcha pas Ruben et Éliahou (Ohad, quant à lui, avait refusé de suivre son père) de partir à la recherche de la manne le lendemain matin. Ils ne trouvèrent rien, et cela irrita Moïse parce qu'il sentait bien que Yahvé pouvait perdre patience.

Au bout d'un certain temps, les hommes recommencèrent à protester.

– De la manne, encore de la manne !

– C'est toujours la même chose !

Moïse était sensible à la souffrance de son peuple, mais cette lassitude, ce n'était pas de la souffrance ! Ces nouvelles lamentations étaient insupportables. Devant Josué, Moïse donna libre cours à sa colère.

– Encore des plaintes ! Ils n'arrêtent pas, chaque jour un nouveau grief ! Il n'y aurait que moi, ou Aaron, c'est sans importance ! Nous ne sommes que des hommes, des enfants d'Israël comme eux. Mais l'Éternel ! Ne comprennent-ils pas que c'est contre Lui qu'ils réclament ? N'ont-ils pas peur de Le mettre en colère ?

Et Josué ne pouvait que l'approuver.

Mais le soir même, un large nuage apparut dans le ciel et s'approcha du camp hébreu, jusqu'à exploser en milliers de volatiles : des cailles ! Les oiseaux s'abattirent sur le campement, il n'y avait plus qu'à les saisir ! Chaque homme en attrapa assez pour se rassasier, lui et sa famille. Comme les voisins de Moïse manifestaient leur joie, Moïse finit par se dérider et par sourire. Ruben, qui sentait bien qu'il avait des choses à se faire pardonner, entonna un chant de grâces à Yahvé, qui se propagea à travers tout le campement jusqu'à ce que tous l'aient repris en chœur.

« Ont-ils enfin compris que l'Éternel les entend, et qu'ils doivent avoir confiance en Lui ? » pensait Moïse. Mais il ne pouvait s'empêcher de douter de ce peuple à la nuque raide, qui avait tant de mal à s'incliner, même devant Dieu…

Les Israélites reprirent leur marche, d'étape en étape. Mais il ne s'agissait pas de s'installer ; au bout de quelques jours, le temps de reprendre des forces, ils levaient le camp et repartaient. Le soleil dardait ses rayons brûlants sur les têtes, les pierres étaient sans pitié pour les pieds blessés. Les oasis semblaient de plus en plus éloignées les unes des autres. Ils durent plusieurs fois marcher deux, ou même trois jours de suite sans trouver d'eau. C'en était fini du bel élan qui les poussait en avant ! Les vieillards étaient épuisés, les femmes peinaient, les enfants gémissaient. Moïse avait le cœur serré, et les hommes commençaient à maugréer, quand :

– Là-bas ! Des palmiers ! cria Daniel.
– Une oasis, enfin ! se réjouit Moïse.

Ils étaient arrivés à Refidim, non loin du mont Horeb. Mais la source était presque tarie et les derniers arrivés ne trouvèrent plus rien à boire. La déception fut à la mesure de leur joie et, de nouveau, les hommes s'en prirent à Moïse, plus violemment encore que les autres fois :

– Tu vois où tu nous emmènes ? geignait Raphaël. Il n'y avait pas meilleur endroit qu'un désert ?!

– Tu veux vraiment nous faire mourir de soif, nous et nos enfants ? renchérit son voisin.

– C'est pour ce beau résultat que tu nous as fait sortir d'Égypte ? insista Joël.

– Trouve-nous de l'eau ! Tout ça est de ta faute ! criaient-ils tous.

Ils étaient de plus en plus nombreux à récriminer, entourant Moïse de façon menaçante.

Pourtant le prophète semblait ne plus les voir : absorbé, recueilli en lui-même depuis plusieurs minutes, il était comme retranché du peuple. Aaron, Josué et les autres lui faisaient une garde rapprochée et commençaient à avoir du mal à contenir les Hébreux furieux, quand Moïse sembla revenir à lui. L'air sévère, il fit écarter les mécontents et marcha jusqu'au mont Horeb. Levant son bâton, il en frappa la roche et, aussitôt, sous les yeux ébahis de ceux qui l'entouraient, une source claire jaillit en abondance de cette roche, coulant en cascade, puis en un ruisseau qui s'élargissait rapidement.

Ce fut une explosion de joie sans retenue. Tous purent enfin se désaltérer, hommes et bêtes, et retrouver leur calme.

Seul Moïse, qui s'était écarté avec Aaron et Josué, remâchait son amertume.

– Se plaindre, se plaindre, ils ne savent faire que cela ! Prêts à oublier les bienfaits de Yahvé au premier obstacle !

Ses interlocuteurs ne savaient que répondre. Mais petit à petit, sa colère céda du terrain, et c'est lui qui finit par déclarer :

– C'est vrai qu'ils sortent de la pire des misères ; ils croyaient connaître la fin de leurs ennuis, et voilà qu'ils doivent affronter de nouveaux tourments ! Il faut les comprendre et leur pardonner, comme sans doute Yahvé lui-même les comprend…

– … et leur pardonne, compléta Aaron. Tu as raison, Moïse, n'exige pas trop d'eux, même si tu as peur de les voir mécontenter l'Éternel !

– Non, non, rétorqua Moïse en hochant la tête, après un temps de réflexion. Yahvé seul peut pardonner, moi je dois continuer à exiger, en son nom !

Josué, Daniel et Ohad suivaient ces discussions avec passion : c'étaient pour eux les plus belles des leçons.

CHAPITRE 9
AU SINAÏ

Les Hébreux continuèrent leur route, sans craindre la faim désormais : six jours de suite, ils se nourrissaient de la manne ramassée au petit matin, des cailles attrapées le soir, et le septième, ils mangeaient ce qui restait de la nourriture trouvée le sixième. Seule la soif les faisait toujours souffrir de loin en loin.

Quelques jours plus tard, alors que les Hébreux étaient arrivés au pied du mont Sinaï, non loin du mont Horeb, des visiteurs inattendus vinrent surprendre Moïse.

– Moïse ! Moïse ! Viens voir qui arrive !

Des enfants tout excités précédaient les nouveaux venus, des étrangers apparemment.

– Jéthro !

Le vieux sage était venu à la rencontre de son gendre, prêt à reconnaître la grandeur du Dieu d'Israël, car il avait appris comment Il avait sauvé son peuple. Moïse s'inclina profondément devant son beau-père, puis les deux hommes s'embrassèrent, sous l'œil curieux des Hébreux attroupés, enfants et adultes : excepté Daniel et Ohad, ils n'avaient encore jamais vu la famille de Moïse, et jamais non plus de Madianites, à la peau plus sombre que la leur. Derrière Jéthro se tenait Tsippora, accompagnée de Gershom et d'Éliézer. Bouleversé, Moïse attira contre lui ses fils. Ils lui semblaient avoir grandi en taille et en beauté ! Puis il étreignit Tsippora, sa tendre épouse. Du bout des doigts il dessinait le fin visage, redécouvrant les longs cils qui ombrageaient les yeux noirs, le sourire confiant.

Moïse, qui venait de vivre tant d'événements extraordinaires, avait l'impression que des années étaient passées, alors que quelques mois à peine venaient de s'écouler... Des mois durant lesquels toutes ses pensées, toutes ses préoccupations avaient été tournées vers le peuple d'Israël : il se réjouissait de sa joie, souffrait de sa peine. Ce jour-là, il ne se soucia que des siens, de leur joie et de la sienne propre...

Jéthro offrit un holocauste[1]* au Dieu d'Israël, puis partagea un repas qui réunit les Anciens, Aaron et Moïse. Le lendemain, c'était le jour où ce dernier rendait la justice. En effet, sachant que sa parole et sa pensée étaient inspirées par Yahvé, tous avaient pris l'habitude de venir le voir dès qu'un différend les

---

1. Sacrifice solennel.

opposait, dès qu'éclatait une querelle. Moïse avait déjà institué des séances au cours desquelles les plaignants venaient lui demander son arbitrage.

Ce jour-là, dès l'aube, une foule s'amassa petit à petit sur l'espace qui avait été à peu près aplani au centre du camp. Les premiers arrivés s'assirent sur les quelques grosses pierres qui étaient là, mais rapidement tous les « sièges » furent pris, et les nouveaux venus s'accroupirent dans la poussière ou restèrent debout.

Au lever du soleil, Moïse sortit de sa tente, considéra tout le peuple qui attendait, réprima un soupir devant la lourdeur de sa tâche et prit place à son tour.

Les plaignants se succédèrent : Joël fils de Siméon accusait son voisin Okran de lui avoir dérobé une brebis ; Noah demandait justice pour sa fille Rébecca, maltraitée par ses beaux-parents ; Samuel fils d'Abner réclamait à son cousin Raphaël le plat d'argent qu'il ne voulait pas lui rendre…

Et Moïse écoutait patiemment les deux parties, cherchait à les réconcilier et, s'il n'y réussissait pas, se recueillait et prononçait sa sentence, approuvant l'un, punissant l'autre. Celui qui retrouvait sa brebis, ou sa vaisselle précieuse, le père de la jeune femme outragée rétablie dans ses droits, tous s'inclinaient profondément devant lui pour le remercier. Sans aller jusqu'à se prosterner, car Moïse refusait toute marque de respect qu'il estimait due à Yahvé seul. Le plus étonnant, c'est que tous acceptaient ses décisions, et ceux à qui il avait donné tort semblaient presque aussi contents que les premiers : personne ne songeait à contester ses choix ! Jéthro suivait de loin le déroulement de ce tribunal, partagé entre l'admiration et l'agacement.

En effet, son gendre siégea du matin jusqu'au soir, sans prendre un instant de repos, entouré d'une foule respectueuse certes, mais innombrable.

À la nuit tombée, harassé, Moïse rentra enfin sous la tente pour se restaurer et se reposer. Assis à terre, sur un tapis, il commençait à dévorer à belles dents la première des cailles préparées à son intention par Tsippora quand Jéthro sortit de l'ombre et vint s'accroupir en face de lui.

– Moïse, tu ne peux pas continuer ainsi ! Tu t'épuises !
– Et que puis-je faire ? Tu les as vus ! Ils attendent les décisions de l'Éternel, et pour cela viennent me consulter.

– Bien sûr, c'est toi qui es le lien entre le Seigneur et eux, c'est toi qui dois leur dicter les lois et les règles de l'Éternel. Mais, pour les histoires de vaisselle volée ou d'âne égaré, il n'est pas besoin de faire appel à Dieu ! Choisis plutôt parmi le peuple des hommes de confiance, pieux, sages et honnêtes, et fais-en les magistrats qui jugeront toutes les causes simples. Celles qui sont graves, qui demandent un arbitrage divin, celles-là ils les renverront devant toi. Tu verras comme vous aurez besoin de tels juges, sur la terre de Canaan ; crois-moi, suis mon conseil : tu t'en trouveras bien, et les enfants d'Israël aussi !

Moïse accepta avec humilité le conseil de son beau-père, qui lui semblait inspiré par Yahvé tant il était sage ! Il choisit des juges* pour le peuple d'Israël et mit ainsi fin à une coutume épuisante.

Quelques jours encore se passèrent en compagnie du vieux Jéthro, puis il fut temps de se séparer. Moïse reconduisit son beau-père, qui reprenait seul la route de Madian : Tsippora, Gershom et Éliézer restaient au camp avec lui.

***

Les enfants d'Israël étaient toujours établis au pied du mont Sinaï. Le temps passait, apportant chaque jour son lot de tristesse et de joie. Des enfants venaient au monde, des vieillards s'éteignaient. Une petite fille était née dans la famille d'Éliahou, ses parents la nommèrent Shoshana ; le vieux Siméon, le père de Joël, était mort, et ses fils l'enterrèrent dans le désert, rituellement ; Ghidoni fils de Ruben épousa enfin la belle Tsilla, la fille de Nathan, et les deux familles s'efforcèrent de fêter l'événement le plus dignement possible, malgré les conditions difficiles...

L'atmosphère était étrange, lourde comme avant l'orage : chacun attendait qu'il se passe quelque chose, mais on ne savait quoi. Pourquoi ne reprenait-on pas la route vers la Terre promise ?

C'est alors que Moïse convoqua, une fois de plus, les Anciens. Il se présenta à eux de façon plus solennelle encore que de coutume, encadré par Aaron et Myriam, entouré de ses « lieutenants » comme il les appelait parfois : Josué, Caleb, Daniel et Ohad.

– J'ai entendu l'appel de Yahvé, leur déclara-t-il. Il veut me rencontrer, en présence du peuple tout entier, pour que celui-ci Le reconnaisse et affermisse sa foi en Lui.

Un frémissement parcourut les rangs des Anciens. Rencontrer le Seigneur ? Mais jusqu'alors Il ne s'était jamais montré ! Seules la nuée et la colonne de feu témoignaient de sa présence à leurs côtés ! Ne disait-on pas qu'on ne pouvait Le voir sans mourir ?

– Ne soyez pas inquiets, personne n'approchera de Lui, personne ne gravira le mont Sinaï – la montagne sacrée –, s'il n'a été désigné par Lui. Mais même pour assister de loin à cette montée, il faut être pur : allez dans vos tribus dire à tous les enfants d'Israël qu'ils se purifient ; puis, le troisième jour, ils s'assembleront au pied de la montagne.

Les Anciens se dispersèrent pour transmettre les ordres de Moïse. Et l'on vit partout dans le campement les femmes se mettre à laver les pauvres tuniques, les hommes à se laver eux-mêmes soigneusement.

Moïse pendant ce temps demeura seul, occupé lui aussi à accomplir les rites de purification. Loin de tous, même des siens. La parole divine occupait tout son esprit, il n'entendait plus rien d'autre, il ne sentait plus rien.

Au matin du troisième jour, la terre trembla, le tonnerre retentit. Des éclairs aveuglants déchirèrent le ciel, qui s'assombrit brutalement. Dès l'aube les Hébreux étaient sortis de leurs tentes pour se réunir au pied du mont Sinaï, et ils observaient maintenant avec effroi ce déchaînement du ciel. Au sommet du mont apparut une épaisse nuée couronnée de flammes. Yahvé manifestait ainsi sa présence. Pleins de crainte devant la puissance de leur Dieu, ils se prosternèrent tous face contre terre, et laissèrent Moïse aller à la rencontre de l'Éternel, l'accompagnant de leurs voeux et de leurs prières.

Quelques élus, Aaron, ses fils aînés Nadab et Abihou, Josué et certains chefs de tribu marchèrent avec lui jusqu'à mi-pente. Puis ils le laissèrent achever seul son chemin.

Moïse avançait vers la nuée, lentement, le visage tendu vers le Seigneur qui semblait l'attendre. Au fur et à mesure que le prophète montait, l'orage perdait de sa fureur, la nuée s'éclaircissait, passant du noir au gris, du gris au blanc. Un blanc lumineux, aussi aveuglant que les éclairs. L'orage s'était tu, le silence était absolu. Pleine de respect, l'assistance suivait l'ascension du regard.

On ne voyait plus le sommet du mont Sinaï, entièrement caché par l'éblouissant nuage. Et Moïse s'éloignait, simple silhouette maintenant, approchant insensiblement de la nuée.

Jusqu'à ce qu'il la rejoigne et y pénètre, comme happé par le brouillard lumineux.

Jusqu'à ce qu'il disparaisse à la vue de tous.

Moïse ne distinguait autour de lui qu'une lumière intense, quand deux tables[1] de pierre surgirent brusquement devant lui.

– J'écrirai sur ces tables des Lois pour mon peuple. Tu iras les donner aux enfants d'Israël : qu'ils les observent sans faillir quand ils seront installés sur la terre que je leur ai promise, ainsi ils resteront mon peuple à jamais.

La Voix retentissait en lui et hors de lui. Un doigt de feu jaillit et grava une première ligne sur les tables de pierre. En même temps, la Voix poursuivait :

– Voici ce que tu diras à chacun, en mon nom :

« Je suis l'Éternel ton Dieu, qui t'ai fait sortir d'Égypte, où tu étais esclave. Tu n'auras pas d'autres dieux que moi ! »

Le doigt de feu traça une deuxième ligne :

« Tu ne te feras pas d'idole ni d'image à adorer, ou devant laquelle te prosterner ; car moi, l'Éternel ton Dieu, je suis un Dieu jaloux. »

Tout entier captif, Moïse vibrait au son de la Voix, résonnait sous le Souffle divin, parcouru d'ondes de feu quand le doigt traçait les lignes dans la pierre.

---

1. *Il s'agit ici de plaques de pierre (sans pieds) assez larges pour recevoir une inscription.*

Vinrent un troisième commandement, puis un quatrième :

« Tu ne prononceras pas le nom de l'Éternel à l'appui du mensonge. »

« Pense au jour du shabbat pour le sanctifier : six jours tu travailleras, mais le septième est jour de trêve pour l'Éternel ton Dieu... »

Moïse écoutait, regardait, s'emplissait de la présence divine...

CHAPITRE 10
LE VEAU D'OR

Or, au pied du mont Sinaï, les Hébreux étaient restés longtemps immobiles après la disparition de Moïse, le visage levé vers la nuée. Puis, comme plus rien ne bougeait, ils baissèrent les yeux, s'entreregardèrent, les langues se délièrent. Ils s'ébrouèrent comme au sortir d'un songe.

Mais ce n'était pas un songe, Moïse était bien parti.

Durant la journée, chacun, à un moment ou à un autre, observait la montagne, pour constater que rien n'avait changé. Seuls Aaron, Josué et les quelques élus étaient demeurés au pied du mont. Au soir, les Anciens les rejoignirent pour accueillir Moïse, mais il ne se montra pas. Alors tous rentrèrent au campement, sauf Josué.

Le lendemain matin, rien de neuf. Ni le jour suivant, ni le jour d'après.

Une semaine s'écoula ainsi. La nuée ne bougeait pas. Moïse ne réapparaissait pas.

Une deuxième semaine s'écoula, suivie d'une autre, d'une autre encore. Les Hébreux commençaient à s'inquiéter, apostrophant leurs Anciens.

– Qu'est devenu Moïse ?

– Et s'il ne revenait pas ? Où irons-nous ?

– La nuée ne nous indique plus de route à suivre !

– Que va-t-il nous arriver, dans ce désert ?

Les Anciens hochaient la tête, ne sachant que répondre. Les premières semaines, Aaron les sermonnait :

– Montrerez-vous toujours si peu de foi ? Notre Seigneur l'Éternel s'entretient avec Moïse, soyez patients !

Mais petit à petit le doute gagnait. Des groupes se formaient, discutaient, gémissaient :

– Qu'allons-nous devenir ? s'inquiétait Abner.

– Moïse ne reviendra plus, ajouta Ruben, c'est sûr !

– Qui va nous protéger maintenant ? demanda un troisième.

– Comment savoir ce que veut l'Éternel ? fit Nathan.

– Il va nous abandonner à notre triste sort ! gémit son voisin.

– Et nous allons tous mourir ici ! sanglota Noah.

Les hommes se tournèrent vers leurs Anciens, et les Anciens, Nathan et Ruben en tête, se tournèrent vers Aaron.

– Aaron, regarde la détresse autour de toi, autour de nous ! Nous sommes perdus, sans Dieu qui nous mène et nous protège ! Toi seul peux faire quelque chose, fabrique-nous un dieu qui marche à notre tête !

Aaron eut un long regard vers la nuée, immobile au sommet du mont Sinaï depuis plus de cinq semaines maintenant. Depuis que Moïse était revenu parmi les siens, Aaron s'était borné à suivre son frère : il était si clair que Dieu l'inspirait ! Mais aujourd'hui ? Où était-il ? Qui allait lui indiquer, à lui Aaron, le chemin à suivre ? Il fallait bien répondre à l'angoisse qui avait gagné le peuple ! Il prit une profonde inspiration et se décida :

– Allez auprès de tous les enfants d'Israël, qu'ils détachent les pendants en or des oreilles de leurs femmes, de leurs fils et de leurs filles et vous les donnent ; puis rapportez-les-moi. Vous, ajouta-t-il en désignant les jeunes gens les plus proches, allez ramasser le bois sec des buissons alentour et apportez-en assez pour alimenter un grand feu. Que tous se rassurent, nous ne resterons pas sans dieu.

Tous donnèrent leurs pendants d'oreille, sans protester. Il n'y eut que très peu de réfractaires, qui attendaient fidèlement le retour de Moïse. De son côté, Aaron s'entoura des quelques artisans parmi les Hébreux qui savaient travailler l'or. Le métal précieux fut fondu, coulé dans un moule, ciselé, poli.

Une foule curieuse et impatiente attendait ce qui sortirait de cet atelier improvisé.

Quand Aaron réapparut, brandissant aux yeux des Hébreux la statue nouvellement forgée, des acclamations de joie retentirent dans tout le campement.

L'idole n'avait pas la stature imposante du taureau Apis qu'adoraient les Égyptiens, mais celle d'un petit veau. Cela n'empêcha pas les Hébreux de se sentir immensément soulagés, convaincus qu'ils étaient d'avoir à nouveau un protecteur divin parmi eux. Tous s'embrassaient, se congratulaient. Et Ohad, le fils de Ruben, proclama :

– Voilà ton dieu, ô Israël, qui t'a fait sortir d'Égypte !

Aaron érigea un autel* de terre et de branchages devant l'idole, pour pouvoir offrir un holocauste au dieu. Le lendemain fut jour de réjouissance pour les enfants d'Israël : on mangea, on but, on dansa.

Quarante jours venaient de s'écouler depuis le départ de Moïse.

À l'écart, loin de toutes ces festivités, Josué seul continuait à guetter, sans se lasser, la venue de Moïse.

***

Au soir des réjouissances le nuage se déchira soudain, et une silhouette se dessina sur la pente du mont Sinaï. La silhouette allait grandissant rapidement, elle brillait, comme entourée de flammèches ! Josué avança à la rencontre de Moïse, qu'il retrouva à mi-pente. Mais quel Moïse ! À peine reconnaissable. Il semblait immense, auréolé de feu, sa peau rayonnait, ses yeux étincelaient comme des soleils noirs. Et dans les mains, il portait deux énormes plaques de pierre, deux tables gravées. Josué était si impressionné qu'il n'osa pas lui adresser la parole. Ce fut Moïse qui l'apostropha :

– La paix soit sur toi, Josué, mon ami, mon frère ! Vois ce que je vous apporte : l'Éternel lui-même a gravé sa Loi sur ces tables. Voilà ce qui nous manquait pour entrer en Terre promise ! J'ai hâte de les montrer aux enfants d'Israël. Ils sont sûrement impatients de me voir et de m'entendre !

– Je n'en sais rien, maître, préféra répondre Josué, la gorge serrée. Je t'attends au pied de la montagne depuis presque six semaines, quarante jours au moins !

– Quarante jours ! Si longtemps ! Je n'ai pas senti le temps qui passait... Pourvu que...

Le visage de Moïse s'était fait soucieux. Il accéléra sa course, malgré son précieux fardeau, suivi de Josué qui dévalait la pente avec la légèreté de la jeunesse.

On devait les avoir vus du campement ; les tambourins se turent, toute activité cessa, les hommes se dressèrent, le visage tourné vers la montagne. Très vite, Moïse fut parmi eux.

Et très vite, ses pires pressentiments se précisèrent. Les hommes reculaient devant lui en se détournant ; Ruben, Éliahou, ses proches et ses voisins le saluaient en baissant les yeux ; même Aaron et Myriam ne le regardaient pas en face, Tsippora se cachait le visage dans les mains. Que s'était-il donc passé ?

Il avança, fouillant le campement du regard. Approchant de la place centrale, il vit les flûtes et les tambourins, il vit le bûcher qui brûlait encore, et près de ce feu des restes d'animaux... Un sacrifice ! Il y avait eu là un sacrifice ! Avant même de continuer, Moïse avait compris.

Quand il découvrit enfin l'autel ensanglanté et la statue de veau brillant de tout son or, il poussa un hurlement, de colère et de désespoir. La rage déformait ses traits, il semblait près de massacrer les hommes épouvantés qui, heureusement pour eux, avaient reculé hors de sa portée.

Il brandit alors les lourdes tables qu'il portait dans ses mains et les projeta violemment à terre, où elles se brisèrent en mille morceaux. Moïse les considéra avec effroi, il se rendait soudain compte de la gravité de son geste.

– Misérables ! Moi qui venais vous apporter la parole divine, la Loi de l'Éternel ! Et voilà que vous vous êtes fait une idole ! Une idole, aussi ridicule qu'impie !

Il ne parlait pas, il rugissait.

Il saisit le veau d'or et le jeta dans le feu. Puis il se retourna contre Aaron :

– Qu'as-tu fait à ce peuple, à ces hommes ? Tu les as pervertis !

– Mais, se défendit Aaron, ce sont eux qui m'ont dit : « Fabrique-nous un dieu qui marche à notre tête », parce qu'ils ne te voyaient pas revenir !

– Mais toi, toi, tu devais les garder dans la voie juste ! Et tu leur as fait commettre le pire des péchés ! La colère de l'Éternel est sur eux, Il...

Ses yeux lançaient des éclairs, Aaron craignit pour sa vie. Mais Moïse, la gorge serrée, préféra s'éloigner, comme il le faisait toujours quand la colère le submergeait.

Le fils de Noun, le fidèle Josué, était resté à côté de lui. Ensemble ils retournèrent vers l'entrée du campement. Moïse attendit que s'apaise la tempête qui déchirait sa poitrine, fureur mêlée d'une indicible tristesse.

Il se mit alors à prier, intensément :

– Ô Éternel, Tu parlais de tuer les impies, pitié pour eux ! Ils ont mal agi, Seigneur, c'est vrai ; mais voudrais-Tu maintenant anéantir ce peuple que Tu as fait sortir d'Égypte avec un tel déploiement de force ? Que diraient les Égyptiens ? Que Tu as emmené ton peuple pour son malheur, pour le faire périr dans les montagnes ?

Josué écoutait sans mot dire cette plaidoirie, impressionné par la familiarité de son maître avec Yahvé.

– Ô Seigneur, poursuivait Moïse avec véhémence, souviens-Toi d'Abraham, d'Isaac et d'Israël ! Tu leur as promis de faire de leur descendance un peuple aussi nombreux que les étoiles au ciel et de leur donner le pays que Tu as désigné. Pourrais-Tu Te dédire aujourd'hui ?

« Vois-tu, ajouta-t-il d'une voix sourde à l'adresse de son ami, l'Éternel savait ce qui se passait. Avant de me renvoyer auprès de vous, Il s'apprêtait à retirer sa main de votre tête, Il voulait vous faire tous périr ! Et moi, j'ai combattu sa volonté, alors que je Le révère par-dessus tout, parce que… parce qu'il s'agit des enfants d'Israël, de mon peuple. Vous êtes au cœur de mes pensées, comment pourrais-je vous voir disparaître ?

Josué fils de Noun prit timidement la parole.

– L'Éternel t'a-t-il entendu ? Accepte-t-Il de pardonner ?

– Oui, Il m'a entendu, Il est revenu sur sa volonté de tous les anéantir. Mais je ne crois pas qu'Il pardonne entièrement. Et moi qui, dans ma colère, ai brisé ses tables ! Cela aussi, c'est à cause d'eux.

Moïse n'en avait pas terminé, son ressentiment était violent.

– Un veau d'or ! Une idole !… Ah, pourtant, ils méritent vraiment la mort ! Leur crime ne peut rester sans châtiment !

Moïse traversa alors le campement avec Josué en appelant :

– Que tous ceux qui aiment l'Éternel me suivent !

L'un après l'autre, Abihou, Nadab, Daniel et d'autres hommes de sa tribu – celle de Lévi – se levèrent et se groupèrent autour de lui. Il leur dit alors :

– Armez-vous, et suivez l'ordre du Dieu d'Israël : passez à travers le camp, en long et en large, et punissez le peuple. Tuez chacun au moins dix hommes, même vos frères, vos parents, vos amis !

Aucun des Lévites ne recula devant la douloureuse épreuve imposée par Moïse ; aucun ne se déroba.

Daniel fils de Nathan transperça de son épée son beau-frère Ohad, qu'il aimait pourtant ; Raphaël tua son oncle maternel, Abner ; chacun s'en prenait à l'un de ses proches. Ruben et Okran moururent aussi ce jour-là, avec beaucoup d'autres, pour expier le crime dont les Hébreux s'étaient rendus coupables.

Ce fut un deuil terrible pour Israël.

CHAPITRE 11
LES TABLES DE LA LOI

Parce que les Lévites avaient préféré l'Éternel à leurs amis et à leurs parents, Moïse décréta qu'ils Lui seraient consacrés. Les Lévites devinrent ainsi les prêtres de Yahvé, seuls autorisés à le servir.

Tandis qu'Israël pleurait ses morts et sa faute, Moïse priait Yahvé. L'Éternel refusait son pardon aux enfants d'Israël, et Moïse cherchait encore à obtenir son indulgence. Se redressant enfin, il aperçut Josué, prêt à accourir s'il le demandait, et ce dévouement lui fit chaud au cœur. Il est vrai que la décision divine l'avait douloureusement frappé.

– La sentence est tombée, révéla Moïse à son jeune ami. Nous irons bien jusqu'à la terre de Canaan, Yahvé a renouvelé sa promesse de nous y mener. Mais ceux qui ont adoré le veau d'or... ceux-là seront punis.

– Punis ? s'inquiéta Josué. Mais comment ?

Moïse secoua la tête, et refusa de répondre.

– Il sera toujours temps pour eux de l'apprendre. Toi, tu n'as pas à t'inquiéter...

« Ce n'est pas tout, poursuivit-il, je dois retourner sur le mont Sinaï, muni de nouvelles tables, afin que Yahvé y grave ses Lois. Alors je pourrai les lire aux enfants d'Israël.

Aaron, à qui Moïse avait rendu sa confiance, s'était vu attribuer la charge de grand prêtre : il respecta sa fonction et sa parole durant la nouvelle absence de son frère. Quant au peuple, il sut se montrer patient : il n'y eut pas de nouvelle infidélité à Yahvé.

Quand Moïse fut redescendu, au bout de quarante jours et de quarante nuits, aussi rayonnant que la première fois, il réunit solennellement autour de lui Aaron et tous ceux qui avaient de l'autorité parmi les enfants d'Israël. Il leur fit alors lecture des Lois inscrites sur les tables par Yahvé.

– Écoutez, vous tous, Anciens et chefs du peuple d'Israël, voici les paroles qu'a prononcées l'Éternel, et que son doigt a gravées sur ces tables. Écoutez bien, car c'est vous qui devrez ensuite les enseigner à chacun des hommes de chacune de vos tribus.

Moïse commença :

– Je suis l'Éternel ton Dieu, qui t'ai fait sortir du pays d'Égypte, où tu étais esclave...

Pendant qu'il parlait, les Anciens restaient prosternés devant la parole de Dieu.

Après les commandements qui énonçaient l'absolue fidélité que Yahvé exigeait de son peuple, Moïse poursuivit :

– Tu honoreras ton père et ta mère.

« Tu ne tueras pas.

« Tu ne commettras pas d'adultère.

« Tu ne porteras pas de faux témoignage contre ton prochain.

« Tu ne convoiteras rien de ce qui appartient à ton prochain, ni sa maison, ni sa femme.

Après une courte pause, Moïse eut cet avertissement :

– Voilà les principales Lois qui régiront dorénavant votre vie, enfants d'Israël. Si vous les transgressez, craignez la colère du Seigneur !

Les Anciens se redressèrent lentement. Ils se regardaient, conscients des bouleversements que les paroles divines apportaient à leur vie :

– Maintenant, nous avons une Loi !

– Gravée, immuable !

– Oui, désormais, elle ne changera plus au gré du plus fort !

C'en était donc fini de leur vie d'avant, si violente ! Parfois, il arrivait bien qu'on choisît, pour régler les conflits, un arbitre comme Moïse. Mais peu d'hommes avaient assez de caractère et de droiture pour ne pas se laisser intimider ! Et c'était toujours le plus fort, le plus sauvage, qui obtenait ce qu'il voulait... Oui, la vie ne serait plus jamais la même !

Mais Moïse était loin d'avoir terminé.

– N'oubliez pas : quand vous serez arrivés sur la Terre promise, en Canaan, vous observerez les règles de vie instituées par l'Éternel !

« Vous observerez le shabbat pour vous et l'année sabbatique[1] pour vos champs et vos vignes.

« Vous respecterez la justice pour vous et les vôtres, sans jamais humilier la veuve et l'orphelin.

« Vous ne maltraiterez pas l'étranger, car vous-mêmes avez été étrangers en Égypte.

« Vous honorerez l'Éternel en observant les rites et les fêtes que je vous dicterai, et vous Lui construirez, selon le plan qu'Il m'a indiqué, un tabernacle, une demeure qui abritera sa puissance quand Il me convoquera : la tente de la Rencontre.

***

Longtemps après, quand Moïse eut fini de parler, il entreprit de mettre par écrit tous les commandements de Yahvé, afin que les chefs d'Israël puissent ensuite transmettre sa Loi, aujourd'hui et plus tard, quand ils seraient entrés en Canaan.

Mais avant cela il réunit les artisans désignés par l'Éternel et leur confia la réalisation de la tente de la Rencontre, le Tabernacle – la Demeure où seraient

---

1. *Septième année de repos ; pour les sols, on les laisse en jachère, on s'abstient de les cultiver.*

abritées les Tables de la Loi, témoins de l'Alliance* que Yahvé établissait avec Israël.

La construction du tabernacle dura longtemps, car les instructions de l'Éternel étaient précises et demandaient un travail minutieux. Les matériaux les plus précieux furent réunis : or pur, argent et bronze, bois d'acacia, cuir de chèvre et de bélier, lin fin, azur et pourpre violette, topazes, améthystes et diamants. Les ouvriers réalisèrent un sanctuaire fait essentiellement de draps et de peaux de chèvre et de bélier, assez léger pour être transporté par les Lévites tout au long des pérégrinations des Israélites. Mais l'arche d'Alliance, où étaient enfermées les Tables de la Loi, était entièrement faite de matériaux solides, or et bois d'acacia ; de même les instruments du culte – autel, candélabres, tables et bassins. Seuls Aaron et ses fils pouvaient toucher les objets sacrés, les autres Lévites accomplissaient les autres tâches. Aucun profane membre d'une tribu différente ne pouvait approcher de la tente de la Rencontre sans risquer la mort.

Quand tout fut prêt, que la Demeure fut consacrée, un nuage la recouvrit de jour, une flamme la surmonta la nuit : Yahvé en avait pris possession.

***

Une année entière s'était écoulée depuis le départ d'Égypte. Cet anniversaire était sacré ! Moïse indiqua à tous les Israélites comment célébrer *Pessah**, la Pâque, la fête du « passage », en souvenir de cette nuit où Yahvé était passé au-dessus de leurs maisons et les avait épargnés – alors que mouraient tous les premiers-nés d'Égypte.

Chaque famille sacrifia un agneau, comme cette nuit-là. Les prières se suivirent, durant le repas, dans l'ordre prescrit par Yahvé. Des herbes amères accompagnaient l'agneau, car, si la Pâque était une fête de joie – les enfants d'Israël célébraient leur libération –, elle était aussi teintée d'amertume : ils ne devaient pas oublier la douleur de l'esclavage !

– Quand vous serez installés en Terre promise, précisa Moïse, souvenez-vous de ce rite, et observez-le à jamais ! Et vous vous souviendrez aussi que votre départ a été précipité et que vous n'avez pas eu le temps de laisser lever votre pain. C'est pourquoi, le soir de Pessah, et la semaine qui suivra, vous ne mangerez que du pain azyme, du pain sans levain.

Quand les fêtes furent achevées, on était déjà au second mois de la seconde année. Il était temps de partir. La nuée en donna le signal, en s'élevant au-dessus de la Demeure. Quand tous furent prêts, la nuée commença à se déplacer, leur indiquant le chemin à suivre, et ils se mirent en route.

CHAPITRE 12
EN ROUTE VERS CANAAN

Leur marche reprit, rythmée par des incidents plus ou moins graves.

Il y eut encore des périodes de soif, ou d'épuisement. Alors les Israélites recommençaient à se plaindre auprès de Moïse : « Le désert ! Encore le désert ! »

Dans ces moments, le prophète était cruellement partagé entre son désir d'en finir et son indulgence pour les enfants d'Israël. Josué l'entendait qui priait ardemment le Seigneur de lui ôter sa charge, de le débarrasser du soin de mener les Israélites. Et pourtant, le même Moïse prenait toujours la défense de ses frères auprès de l'Éternel.

– Hélas, Seigneur, ce peuple est bien coupable, c'est vrai ! Pourtant, si Tu voulais lui pardonner sa faute !... Sinon, efface-moi du Livre que Tu as écrit, le Livre de la Vie...

Et Moïse obtenait presque toujours le pardon du Très-Haut.

Cela n'empêchait pas les Hébreux de sans cesse recommencer à se plaindre et à douter, oubliant ce qu'ils devaient à Yahvé, sans aucune considération pour Moïse.

Celui-ci se sentit plus atteint encore quand quelques chefs de sa tribu, les Lévites, réfutèrent sa primauté. Ils s'estimaient aussi importants que Moïse, maintenant qu'ils servaient l'Éternel. Ils voulurent prendre la place du prophète auprès du Très-Haut. Ceux-là furent aussitôt anéantis par le feu de Yahvé, aux yeux de tout le peuple atterré.

Pire encore, Myriam s'en prit un jour à Tsippora en la traitant d'« étrangère à la peau noire », et, avec Aaron, ils contestèrent à Moïse son rôle privilégié auprès de l'Éternel. N'étaient-ils pas prophètes, eux aussi ?

Convoqués dans la tente de la Rencontre par Yahvé en colère, ils L'entendirent proclamer bien haut sa préférence pour son « serviteur Moïse » :

– À vous, simples prophètes, leur dit la Voix, je me révèle par une vision, je vous parle en songe. Mais Moïse ! À lui, je parle face à face, bouche à bouche. Et vous, vous n'avez pas craint de dire du mal de lui ?!

Quand ils sortirent de la tente, Myriam était atteinte de la lèpre ; elle fut exclue du camp jusqu'à sa guérison. À la suite de cela, plus personne ne contesta à Moïse sa place de médiateur entre l'Éternel et les enfants d'Israël.

***

Bientôt, ils arrivèrent dans la grande oasis de Cadès, dans le désert de Çin. Quelques jours de marche encore, et ils pouvaient être en Canaan ! Josué, Daniel et Caleb en étaient terriblement émus.

– Moïse, Moïse, laisse-nous franchir la montagne, laisse-nous entrer dans ce pays ! C'est notre terre, celle qui nous a été promise !

– Ce serait de la folie d'y pénétrer ainsi, rétorqua Moïse. Commençons par y envoyer des éclaireurs reconnaître le pays et ses habitants.

Moïse réunit les Anciens et les chefs des tribus. Chaque tribu désigna un homme : Josué représentait celle d'Éphraïm, Caleb celle de Juda. Seul Daniel, déçu, dut rester auprès de Moïse : Lévite, il était consacré au service de Yahvé.

Pendant toute la durée de la mission, qui fut de quarante jours, le jeune homme rongea son frein, et le prophète, amusé, dut souvent le rappeler au calme.

Les éclaireurs, à leur retour, furent accueillis avec autant d'anxiété que d'espoir. Ils rapportaient des grappes de raisin, des grenades, des figues : le pays était donc aussi fertile que l'avait promis Moïse !

Mais lors de l'assemblée qui réunit éclaireurs, Anciens et chefs de tribu, quand Moïse interrogea les jeunes gens pour savoir quelles étaient les forces des Cananéens et par quelles voies il fallait pénétrer sur cette terre, il y eut un concert de protestations.

– Nous ne pouvons entrer dans ce pays ! Le peuple qui l'habite est puissant, ses villes sont fortifiées !

– C'est vraiment impossible. C'est au-dessus de nos forces, les hommes sont des géants, et nous ne sommes pas plus que des sauterelles à côté d'eux !

Seuls Josué et Caleb tenaient un discours différent.

– Oh si, rétorqua Josué, nous le pouvons ! Il faut marcher, et conquérir ce pays, nous en sommes capables ! L'Éternel sera à nos côtés !

– C'est vraiment le pays où coulent le lait et le miel, renchérit Caleb, la terre promise par le Très-Haut !

Mais autour d'eux, le peuple avait surtout retenu les descriptions alarmantes faites par les autres éclaireurs. De nouveau s'élevèrent des plaintes et des gémissements, et les hommes commencèrent à parler de retourner en Égypte ! Comme Josué et Caleb insistaient, ils faillirent se faire lapider.

Le projet d'entrer en Canaan fut donc abandonné, au moins pour un temps, ce qui rendit Moïse furieux.

Mais sa colère n'était rien auprès de celle de Yahvé ! Si Moïse voulait sauver son peuple d'une terrible punition divine, il lui fallait des arguments sérieux.

– Seigneur, veux-Tu que tous les peuples alentour, au lieu de reconnaître ta puissance, pensent que Tu as massacré ton peuple parce que Tu n'as pas pu le faire entrer en Terre promise ?

Quand Moïse revint auprès de ses fidèles, il semblait bien abattu. C'est seulement à Josué qu'il confia le résultat de son plaidoyer.

– L'Éternel s'est en partie laissé fléchir : Il a accepté

de laisser en vie les fils d'Israël. Mais pour le reste, Il est resté inflexible...

La gorge serrée, Moïse s'interrompit.

– « Le reste », le pressa Josué, c'est-à-dire ?

– Aucun des hommes adultes ne connaîtra la Terre promise, expliqua Moïse sombrement. Ils n'ont pas voulu y entrer, alors que c'était la volonté du Seigneur ; eh bien, leurs cadavres joncheront le désert, et leurs enfants erreront, une année pour un jour : ils sont partis en reconnaissance quarante jours, ils erreront dans le désert quarante années !

Josué resta longtemps silencieux, écrasé par cette révélation. Puis, timidement :

– Et... moi ? Moi aussi ?

– Non, répondit Moïse, à qui la question de Josué rendait le sourire. Toi, fils de Noun, tu as mis ta confiance en l'Éternel et Il le sait : toi, tu entreras au pays de Canaan, ainsi que Caleb. Mais, ajouta-t-il, silence sur tout cela !

Ainsi les enfants d'Israël tournèrent-ils le dos à leur but premier, et ils s'enfoncèrent de nouveau dans le désert.

***

Les soucis constamment renouvelés et le temps qui passait laissaient leurs marques sur Moïse. Il avait hâte de connaître la fin de l'errance et d'entrer enfin en

Canaan, la terre promise depuis si longtemps ! Ses yeux s'enfonçaient davantage sous les sourcils, dont le noir était maintenant strié de blanc, comme son abondante chevelure ; son front, ses joues s'étaient ridés. Pourtant, sa haute taille n'était pas voûtée et son regard gardait tout son éclat. Il n'y avait aucune faiblesse en lui, mais un peu plus de douceur, et toujours, toujours, un voile de tristesse : il savait trop bien quel sort attendait les siens…

Le temps s'écoulait, inexorablement, et les hommes de la première génération s'éteignirent les uns après les autres : Nathan était parti l'un des premiers, Éliahou et Noah, à bout de forces, n'allaient plus tarder.

L'errance des enfants d'Israël les ramena à Cadès, et c'est là que moururent Myriam, et Tsippora.

Puis ce fut le tour d'Aaron. Averti de son sort, il prit le temps de transmettre à l'aîné de ses fils vivants, Éléazar, les vêtements sacrés de son sacerdoce, pour ne pas laisser les Israélites sans grand prêtre. Dès lors, ce fut à Éléazar d'occuper cette fonction. Ni Gershom ni Éliézer, en revanche, ne reçurent la moindre charge particulière, tant Moïse craignait de se montrer injuste en accordant une faveur à ses propres fils.

Un jour, alors que les enfants d'Israël étaient de nouveau à Cadès, l'eau vint à manquer. Près de la source tarie, Moïse, comme il l'avait déjà fait, frappa le rocher de son bâton sacré pour en faire jaillir de l'eau vive.

Mais – le premier coup lui sembla-t-il trop faible ? – il frappa le roc par deux fois. Il entendit alors gronder en lui la Voix de l'Éternel.

– Tu n'as pas eu confiance en ton geste, lui reprochait-elle, tu as douté de Moi ! Pour cette raison, toi non plus, tu ne fouleras pas le sol de la Terre promise !

Frappé au cœur, Moïse, qui savait si bien plaider pour les autres, ne trouva pas de mots pour sa propre défense et entendit la terrible sentence sans protester.

CHAPITRE 13
LA FIN DE L'ERRANCE

Quand les Israélites se retrouvèrent à nouveau en face de Canaan, de l'autre côté du Jourdain, quarante ans s'étaient écoulés depuis la sortie d'Égypte ; il ne restait plus aucun des Anciens. Des témoins de la sortie d'Égypte, hors ceux qui étaient alors enfants, il ne restait que Josué et Caleb, et Moïse…

Un matin à l'aube, Moïse convoqua Josué et Éléazar et leur montra un large parchemin enroulé autour de deux longs manches de bois précieux.
– J'ai terminé, leur déclara-t-il ; toutes les Lois de l'Éternel sont inscrites sur ce rouleau, ceci est votre Torah*. Il faut maintenant lui donner la place qui lui revient : dans l'arche d'Alliance, avec les Tables de la Loi, au plus profond du tabernacle. Cela se fera devant tous les enfants d'Israël. Par la même occasion, annonça-t-il en se tournant vers Josué, je te nommerai mon successeur en présence du peuple réuni.

– Ton successeur ? s'effraya Josué. Mais tu es encore parmi nous ! Et la Terre promise ?

– C'est ainsi, rétorqua Moïse doucement, Dieu l'a voulu ainsi.

Josué s'inclina, mais l'inquiétude le taraudait.

Après le temps nécessaire pour se purifier, tous les enfants d'Israël se rassemblèrent devant leur prophète, au pied du mont Nebo. Éléazar reçut des mains de Moïse les rouleaux de la Torah, les leva haut pour les montrer au peuple, puis alla les déposer à côté des tables, dans l'arche d'Alliance. Il était le seul, avec Moïse, à pouvoir pénétrer dans le Saint des Saints.

Mais, après la cérémonie rituelle, Moïse ne dispersa pas les Israélites. Étonnés, ils restèrent sur place à attendre… ils ne savaient quoi. Jusqu'à ce que s'élève la voix puissante et chaude du prophète.

– Enfants d'Israël, mon rôle touche à sa fin, je vais vous quitter.

Il n'avait pas fini ces mots que de grands cris retentissaient dans l'assistance. D'un geste de la main, il tenta d'apaiser l'effroi qui s'était emparé des esprits.

– Enfants d'Israël, reprit-il, je pourrais dire « mes enfants », tant vous êtes tous jeunes ! Vous m'avez toujours vu à vos côtés, c'est moi qui jusqu'à présent vous ai menés, encouragés, protégés. Mais, si mon temps est passé, rassurez-vous, Yahvé ne vous abandonne pas. Un autre vous mènera en Terre promise, un autre achèvera son œuvre : Josué, mon plus fidèle compagnon.

Moïse désignait au peuple Josué, debout à ses côtés, le visage sillonné de larmes.

Il y eut des acclamations isolées, mais la plupart des Israélites étaient trop secoués par ce qu'ils venaient d'entendre pour manifester de la joie.

– Souvenez-vous, enfants d'Israël, vous êtes maintenant libres, grâce à Yahvé qui vous a fait sortir d'Égypte ; vous êtes un peuple, uni autour des Lois dont Il vous a fait don. Il vous reste à conquérir le pays dans lequel vous vous installerez, par-delà ce fleuve. Suivez Josué, ne craignez pas d'affronter les autres peuples, tant que le Seigneur sera avec vous ! Conservez votre foi en Yahvé, observez sa Loi, et vous prospérerez. Sinon, redoutez sa colère !

La parole de Moïse s'élançait au-dessus des enfants d'Israël, qui l'écoutaient bouleversés. Comme si souvent auparavant, il fit alterner rudesse et douceur, espoir et crainte, les exhortant à observer la Loi de Yahvé, à Lui obéir.

Quand son discours fut terminé, les Israélites se dispersèrent lentement, accablés de tristesse. Josué voulut s'incliner devant Moïse, mais celui-ci le prit dans ses bras.

– Ne sois pas triste, Josué, c'est ton tour maintenant de porter la parole divine. Tu as la confiance du Seigneur. Quant à moi, je vais mourir ; mais avant, je veux… voir la… Terre promise.

La voix de Moïse s'était cassée, sous le coup de la douleur.

***

Moïse entreprit de gravir, seul, la pente du mont Nebo. Une fatigue terrible s'était emparée de lui, il s'appuyait sans retenue sur son bâton. L'œil levé, il fixait la cime. Plus haut, toujours plus haut ! Ne pas mourir avant d'avoir vu ce pays où il n'entrerait pas !

Le soleil déclinait au fur et à mesure qu'il montait, et quand il fut au sommet, une douce clarté teintait de mauve le pays de Canaan. Moïse pouvait contempler la contrée entière, des palmiers de la plaine de Moab, à ses pieds, à la mer de Kinnéreth, au nord, des déserts du sud jusqu'à la Grande Mer, scintillant loin à l'ouest… Son cœur battait la chamade, il ne pouvait se rassasier de tant de beauté !

Le soleil disparaissant à l'horizon alluma un bref instant dans le ciel des lueurs de violet, d'orange et de pourpre. L'obscurité recouvrit la terre de Canaan, et la nuit emporta Moïse.

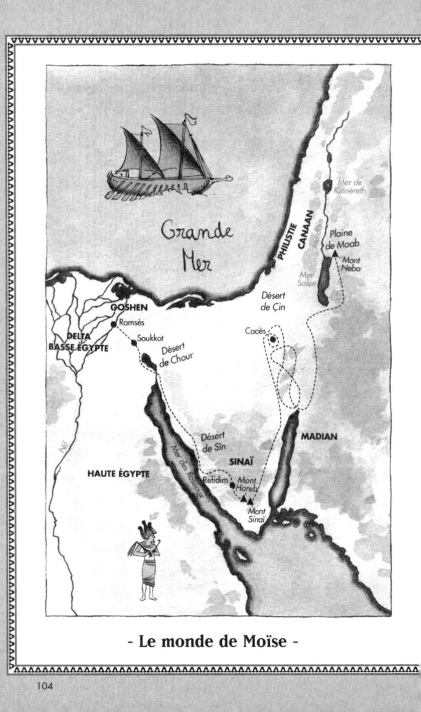

- Le monde de Moïse -

POUR MIEUX CONNAÎTRE MOÏSE

L'ORIGINE DE MOÏSE

Moïse nous est connu par la Torah (la « Loi », ensemble de cinq livres qui forme la première partie du *Tanakh*, la Bible* hébraïque), où il occupe une place prépondérante. Selon le judaïsme, il en est d'ailleurs l'auteur (ou du moins le transcripteur, sous la dictée divine). Il apparaît dès le deuxième livre, l'Exode, et la Torah se termine avec le récit de sa mort.

Le nom

« Moïse » est le nom français correspondant à l'hébreu *Moshé* (*Mûsâ* [prononcé *Moussa*] en arabe, *Moses* en anglais et en allemand, *Moisés* en espagnol…).

L'origine de ce nom est énoncée par la mère adoptive de Moïse (Exode 2, 10) : « C'est que je l'ai retiré [ou sauvé] des eaux » (*meshitihou*), du verbe hébreu *moshé*, « [re]tirer ». Mais cette étymologie n'est guère convaincante, car la forme verbale est active et se traduirait exactement par « retirant ».

La littérature rabbinique* tient compte de cette difficulté, et donne à Moïse l'attribut de « Sauveur des eaux », en référence au passage de la mer des Roseaux (identifiée autrefois avec la « mer Rouge », à la suite d'une probable erreur de traduction).

Ce nom pourrait aussi être la transcription en hébreu d'un nom égyptien. Bien des savants ont ainsi fait le rapprochement entre les radicaux formés des seules consonnes [ms-] de Moshe, et le suffixe égyptien [ms-s], qui signifie « né de » et que l'on retrouve dans les noms Ra-msès (né du dieu Râ) ou Thout-mosis (né du dieu Thot).

Moïse dans la Torah

Moïse est le personnage central de quatre des cinq livres de la Torah : Exode, Lévitique, Nombres et Deutéronome. Le premier relate une grande partie de la vie de Moïse (naissance, jeunesse, fuite et mariage), qui se confond rapidement avec le récit de la sortie d'Égypte et des débuts de la marche dans le désert, jusqu'à la construction de la Tente de la Rencontre. La poursuite du récit proprement dit se fait dans les Nombres, et la mort de Moïse occupe la fin du Deutéronome. Hormis ce récit, ces livres sont un recueil de lois et de prescriptions de tous ordres, religieuses, rituelles, morales. L'histoire de Moïse est donc indissociable, dans sa majeure partie, de la constitution des tribus israélites en un peuple autonome, adepte d'une religion monothéiste doté d'un ensemble de lois, et (après la mort de Moïse) d'un pays. D'ailleurs la Loi juive se dit aussi « Loi mosaïque » (d'un adjectif dérivé de « Moïse », à ne pas confondre avec l'art de la mosaïque !).

Élevé à la cour du roi d'Égypte, Moïse ne retrouve sa famille d'origine qu'après un long détour par Madian, dans le nord de l'Arabie. Selon la Torah, il a 80 ans quand il entend l'appel de Dieu !

Peu doué pour la parole, dit-il, il a « la bouche pesante et la langue embarrassée ». C'est pourquoi Aaron doit lui servir d'interprète.

Moïse est le plus grand des prophètes, le seul à qui Dieu parle « face à face ». Toutefois, il est à noter que sa personnalité comporte des zones d'ombre sur lesquelles insiste la Torah : il est en particulier extrêmement impulsif et colérique (épisode du veau d'or).

Un autre aspect de cet « homme de Dieu » doit retenir notre attention : il discute constamment avec Yahvé, d'abord pour accepter la mission qui lui est confiée, puis pour tenter de sauver les Israélites des punitions divines qui les menacent. Il ne craint pas d'argumenter face à Dieu et de mettre sa propre vie dans la balance.

Pourtant, après toutes les épreuves que Moïse traverse à la tête des Israélites, il ne pénètre pas en Terre promise : il meurt avant, puni (ainsi qu'Aaron) pour avoir frappé deux fois le rocher d'où devait jaillir l'eau miraculeuse.

Voilà ce que nous dit de Moïse la Torah écrite. Mais, outre cela, le Tanakh est complété par des commentaires et des récits (*midrashim*, dont l'ensemble forme le Midrash*), réunis dans la littérature rabbinique dès la chute du second Temple* (70 ap. J.-C.). On trouve la trace de ces commentaires et récits chez les auteurs juifs de l'Antiquité.

Littérature juive antique et rabbinique
La personnalité exceptionnelle de Moïse a beaucoup sollicité

l'imagination et la réflexion, principalement à propos de quelques traits qui ne sont pas ou peu expliqués dans le Tanakh.

L'une des légendes (difficile de désigner autrement ce récit) concernant l'enfance de Moïse explique à la fois comment il a bénéficié dans son enfance de la protection divine et pourquoi il avait tant de mal à parler. Moïse, tout enfant, se serait emparé, en jouant, de la couronne de Pharaon, et l'aurait jetée à terre. Ce geste étant de très mauvais présage (l'enfant ne détrônerait-il pas Pharaon ?), certains conseillers de Pharaon voulaient que Moïse soit tué. L'enfant fut toutefois soumis à une épreuve qui pouvait le disculper. On lui présenta des diamants (symbole de pouvoir) et des braises rougeoyantes. Alors qu'il tendait la main vers les pierres précieuses, l'ange Gabriel la détourna vers une braise, que l'enfant porta à ses lèvres, et c'est ainsi que Moïse se brûla la langue et la bouche, d'où ses difficultés à parler – mais il resta en vie !

Du fait de son éducation égyptienne et des nombreuses qualités (beauté, bonté, intelligence précoce...) qu'elle attribue à Moïse, toute une tradition (Flavius Josèphe, *Antiquités judaïques*, et Philon d'Alexandrie, *Vie de Moïse*, 1er siècle de notre ère) fait de lui un grand général égyptien, voire un prince destiné à remplacer Pharaon, jusqu'à ce que, menacé de mort, il soit obligé de fuir.

Le bâton de Moïse a aussi une histoire (selon le Targum* de Jérusalem) : Moïse l'aurait trouvé chez Jéthro (aussi nommé Réouël), dans le jardin duquel il avait été fiché en terre. C'était un bâton créé avant le premier homme et sur lequel était gravé, entre autres, le Nom de Dieu. Entre les mains de Moïse il devient l'instrument de Dieu, le symbole de l'autorité divine. Ce bâton rejoindra d'ailleurs les Tables de la Loi dans l'arche d'Alliance.

La mort de Moïse a également inspiré de nombreux *midrashim*. Pour certains, il aurait longuement discuté avec l'Éternel avant d'accepter de mourir ; pour d'autres, il serait mort, comme le Juste qu'il était, emporté par un ultime baiser de Dieu. Selon la Torah, Moïse a été enterré dans la vallée de Moab ; et « jusqu'à ce jour, nul n'a connu son tombeau », conclut le Deutéronome.

Les commentaires précisent que l'emplacement du tombeau de Moïse est resté inconnu des juifs pour leur éviter l'impiété d'en faire un lieu de pèlerinage, et de tomber dans l'idolâtrie, révérant le Prophète au lieu de révérer Dieu. Dans le même ordre d'idées, le nom de Moïse n'est prononcé qu'une fois lors de la cérémonie de Pessah, qui célèbre pourtant la sortie d'Égypte. C'est une façon de rappeler que Moïse n'est qu'un homme, simple intermédiaire entre Dieu et son peuple, et que le seul à avoir agi, c'est Yahvé.

Le contexte historique

L'existence historique de Moïse est problématique. Même si elle ne fait aucun doute pour les adeptes des religions monothéistes (judaïsme, christianisme, islam), sa datation (et celle de l'exode) est loin d'être assurée. Le plus souvent, on estime que Moïse se confronte à l'un des pharaons du Nouvel Empire (XIV-XIIIe s. av. J.-C.), peut-être Ramsès II (1279-1213 av. J.-C.).

Mais aucun des faits racontés dans l'Exode et livres suivants n'est clairement corroboré ni par une chronique égyptienne, ni par l'archéologie, et on n'a pu, jusqu'à présent, retrouver aucune trace d'un grand déplacement de population au XIIIe siècle av. J.-C., tel qu'aurait été celui des Hébreux à travers le désert du Sinaï selon l'Exode. Par ailleurs, le nom de Moïse n'apparaît dans aucun autre document de la même période historique (fin du IIe millénaire av. J.-C.). En revanche, sa naissance et sa jeunesse présentent des traits nettement légendaires (l'épisode du berceau de joncs figure déjà dans le récit d'enfance du roi Sargon d'Akkad, IIIe millénaire av. J.-C.). Pour ces raisons, l'existence même de Moïse est aujourd'hui considérée comme douteuse par certains scientifiques.

Mais pour d'autres, cela signifie seulement qu'il y a bien eu un « exode », mais d'un groupe restreint, trop peu important pour qu'il soit jugé digne d'être consigné dans les chroniques égyptiennes. Ceci s'appliquerait aussi à Moïse, cet obscur « Asiatique » au nom égyptien qui en prit la tête.

LA POSTÉRITÉ RELIGIEUSE DE MOÏSE

Moïse, personnage central du judaïsme, garde une place importante dans les deux autres religions monothéistes.

Pour **le christianisme**, Moïse est le principal prophète du Premier ou Ancien Testament*, un modèle de sainteté et la préfiguration de Jésus-Christ annonçant le Royaume des Cieux. Jésus lui-même, dans les Évangiles*, cite souvent Moïse. Mais, alors que Moïse s'adressait aux tribus israélites, Jésus étend l'Évangile au genre humain. Une différence encore : le Christ, étant de nature divine, n'a pas besoin de bâton pour faire des miracles, contrairement à Moïse. Pourtant, l'art religieux médiéval le représente souvent un bâton à la main, comme Moïse…

Pour **l'islam**, Moïse, ou plutôt *Mûsâ (Moussa)*, est un prophète majeur, l'un de ceux qui ont reçu un Livre de Dieu. Il est appelé *Kalim Allah*, « celui qui a conversé avec Dieu » (sur la montagne). Il est très souvent cité dans le Coran* (sourates 2, 7, 20, etc.), qui intègre de nombreux épisodes de l'Exode (sortie d'Égypte, veau d'or, Tables de la Loi…).

MOÏSE DANS L'ANTIQUITÉ NON JUIVE

Quelques écrivains anciens ont tracé de Moïse des portraits étonnants. De la plupart d'entre eux ne nous sont parvenus que des fragments. Citons l'Égyptien Manéthon (prêtre et historien du IIIe s. av. J.-C.), les Grecs Hécatée d'Abdère (fin IVe s. av. J.-C.), Strabon (*Géographie*, Ier s. av. J.-C.), Diodore de Sicile (*Bibliothèque historique*, Ier s. av. J.-C.) et le Romain Tacite (*Histoires*, V, Ier-IIe s. de notre ère).

Pour les uns, Moïse est un prêtre égyptien d'Héliopolis, pour d'autres, il est issu d'une population (soit étrangère, soit égyptienne) mise à l'écart parce que malade ou impure (frappée de la lèpre, par exemple, interprétée comme une souillure).

Dans tous les cas, Moïse prend le commandement d'une révolte punie de bannissement, ou la tête d'un exode volontaire, en donnant à la population qu'il entraîne ainsi de nouvelles lois religieuses. Ces lois sont considérées le plus souvent comme abominables au regard de celles qui avaient cours en Égypte (ne plus prier les dieux, sacrifier et manger des animaux sacrés…), ou parfois (très rarement) comme un progrès de l'esprit.

Rappelons qu'à Héliopolis se trouvait le sanctuaire du dieu solaire Aton, dont le pharaon Akhenaton (XIVe s. av. J.-C.) tenta de répandre le culte unique, première apparition d'une forme de monothéisme.

Voilà donc tous les éléments dont est composé le personnage de Moïse, et qui l'ont accompagné au long de sa vie littéraire et artistique.

LES VOYAGES DE MOÏSE À TRAVERS LES ARTS

Un destin aussi exceptionnel que celui de Moïse a évidemment inspiré bien des œuvres, de bien des artistes, au long des siècles. Il est impossible de tout citer, nous nous contenterons des représentations les plus marquantes.

Littérature

Le personnage de Moïse suscite de façon significative l'imagination des poètes romantiques du XIXe siècle, qui voient en lui l'un des grands hommes dont ils se plaisent à évoquer la figure, et dans lesquels souvent ils se reconnaissent.

« **Moïse** », d'Alfred de Vigny (*Poèmes antiques et modernes*, 1837), montre le prophète à son dernier soir, attendant la mort qui mettra un terme à sa solitude.

Au XXe siècle, moins religieux, Moïse est plus objet d'analyse que sujet de fiction. Citons :

– ***Moïse et le monothéisme*** (1939), du psychanalyste Sigmund Freud, pour qui Moïse est un prêtre égyptien d'Aton, qui préserve la religion d'Akhenaton (éliminée en Égypte) en l'imposant aux Hébreux ; ceux-ci le tueront dans le désert ;

– ***La Loi*** (1943), nouvelle de Thomas Mann, qui fait de Moïse le fils d'une princesse égyptienne et d'un serviteur hébreu. C'est chez les Madianites qu'il trouve le Dieu invisible qu'il impose ensuite aux esclaves hébreux ;

– ***Descends, Moïse*** (1942), de William Faulkner, ne met pas en scène le prophète, mais fait appel à lui comme le gospel portant ce titre (voir **Musique**, p. 114).

Enfin, des œuvres fortement imprégnées de judaïsme s'efforcent de restituer une personnalité complexe :

– « ***Moïse : portrait d'un chef*** », d'Élie Wiesel (*Célébration biblique*, 1975), reprend de nombreux récits légendaires du Midrash ;

– ***Moïse, prophète des nostalgies*** (2007), de Betty Rojtman, est une œuvre lyrique qui évoque la tension chez Moïse entre l'« appel des hauteurs » et les devoirs de sa mission.

Arts plastiques

Plus que la littérature, les arts plastiques ont trouvé en Moïse une source d'inspiration féconde. Cela est dû tant à sa stature morale (souvent mise en évidence par une exceptionnelle stature physique) qu'aux événements hors du commun auxquels il participe.

Moïse est, du Moyen Âge à nos jours, fréquemment représenté sur de nombreux supports :

– ***Moïse recevant les Tables de la Loi*** (VIe s.) apparaît sur une mosaïque de Ravenne ;

– ***Moïse reçoit les Tables de la Loi*** (840), miniature de la Bible de Moutier-Grandval ;

– Moïse est l'un des personnages sculptés par Claus Sluter sur le **Puits de Moïse** (1404) ;

– ***Les Épreuves de Moïse*** (1482), grande fresque de Sandro Botticelli (Chapelle Sixtine, Rome) ;

– ***L'Adoration du veau d'or*** (1530), triptyque peint par Lucas van Leyden ;

– ***Moïse assis***, statue de Michel-Ange (1515) pour le tombeau de Jules II (Rome).

Cette dernière œuvre, très célèbre, présente (comme C. Sluter) un Moïse cornu, ce qui est dû à une traduction sans doute erronée de Jérôme dans la Vulgate. En effet, un mot hébreu, qui signifie aussi bien « rayonner, irradier » que « porter des cornes », est utilisé dans la Bible pour dépeindre Moïse lorsqu'il descend du mont Sinaï, portant les Tables de la Loi. Ainsi, tous les artistes jusqu'à la Renaissance représenteront Moïse avec des cornes au front.

– ***Moïse faisant jaillir l'eau du rocher*** (1577), du Tintoret ;

– ***Moïse sauvé des eaux*** (1654), de Nicolas Poussin ;

– ***Moïse brise les Tables de la Loi*** (1659), de Rembrandt ;

– ***Moïse recevant les Tables de la Loi*** (1960-1966), de Marc Chagall.

Dans ce tableau, Chagall résout la question qui pouvait se poser sur la façon de représenter Moïse conformément à la Bible : du front de Moïse s'élancent, comme des cornes, deux grands rayons lumineux.

Musique

De nombreuses œuvres ont Moïse pour héros. Là encore, impossible de toutes les citer. Retenons :

– ***Moïse en Égypte*** (1818), opéra de Gioacchino Rossini ;
– ***Moïse sauvé des eaux*** (1851), oratorio de Camille Saint-Saëns, sur un poème de Victor Hugo ;
– ***Moïse et Aaron*** (1954), opéra d'Arnold Schönberg ;
– ***Go Down Moses***, gospel (chant religieux traditionnel afro-américain), que rythme l'injonction « Let my people go » (Descends, Moïse/Laisse partir mon peuple…), enregistré par Louis Armstrong en 1958. Dans ce gospel, et dans bien d'autres, les fidèles font appel à Moïse pour les libérer, puisqu'ils sont, eux, esclaves, comme l'étaient les Israélites en Égypte ;
– ***Les Dix Commandements*** (2000), comédie musicale d'Élie Chouraqui.

Cinéma
– ***Les Dix Commandements*** (1956), de Cecil B. De Mille, avec Charlton Heston ;
– ***Le Prince d'Égypte*** (1998), dessin animé réalisé par Brenda Chapman pour les studios DreamWorks, couvre les premiers chapitres de l'Exode.

MOÏSE, L'HOMME ET LE MAÎTRE

Comme nous l'avons vu, le personnage de Moïse, depuis qu'il est entré dans l'Histoire, a toujours continué à susciter au moins de l'intérêt, quand ce n'est pas de la vénération.

Pour les juifs, il est *Moshé Rabbenou*, « Moïse notre maître », le pilier central du judaïsme. Il reste un personnage central de toutes les religions monothéistes, christianisme comme islam.

Pour les populations afro-américaine ou sud-américaine,

Moïse est la figure du Libérateur qu'elles appellent de leurs vœux.

Pour Alfred de Vigny, il est l'élu de Dieu, « puissant et solitaire ».

Pour les intellectuels éloignés de la religion que sont Thomas Mann ou Sigmund Freud, Moïse est celui qui a apporté la Loi au genre humain, et, par là, il est l'une des principales figures de la civilisation et de la culture.

La position inverse, qui consiste à considérer la révolution monothéiste (due à Moïse) comme négative, impie et destructrice, était répandue dans l'Antiquité polythéiste, et certains pensent que ce rejet du monothéisme est à l'origine de l'antisémitisme. Mais aujourd'hui que le monothéisme s'est imposé dans la majeure partie de notre monde, qui songerait à reprocher à Moïse la fin du polythéisme ?

Par ailleurs, Moïse est-il né hébreu ou égyptien, ou même madianite (c'est l'une des hypothèses) ? Bien des savants tentent encore d'apporter une réponse à cette question. La religion qu'il a donnée aux Hébreux existait-elle déjà chez les Égyptiens, les Arabes du nord (Madian), ou a-t-elle été élaborée par un Hébreu ? Difficile d'imaginer que nous le saurons un jour avec certitude.

Mais faut-il absolument résoudre ces incertitudes ? Moïse est et restera le personnage que nous révèle la Bible : l'« homme de Dieu », prophète, libérateur et législateur de tout un peuple, mais aussi un homme, qui doute et qui souffre, qui doit maîtriser ses peurs et ses failles. Un homme, un maître…

LEXIQUE

Alliance : « contrat » passé entre Yahvé et le peuple d'Israël par l'intermédiaire d'Abraham, d'Isaac et de Jacob (les Patriarches), puis renouvelé avec Moïse. Cette alliance est matérialisée par la circoncision de chaque enfant mâle au huitième jour de sa vie (pratique instituée par Abraham, le premier Patriarche).

Autel : amoncellement de terre, de branchages ou de pierres, sur lequel se pratiquaient les sacrifices ; toujours situés en plein air.

Bible : livre sacré du judaïsme et du christianisme, nommé d'après le grec *biblia*, « les livres ».

La partie la plus ancienne est la **Bible hébraïque** ou **Tanakh**, Ta-Na-Kh étant l'acronyme des trois parties qui la composent : **T**orah (la Loi), **N**eviim (les Prophètes) et **K**etouvim (les Écrits). Selon les Juifs, la Torah a été écrite par Moïse, les autres textes étant plus tardifs. Selon les travaux les plus récents de la critique, le texte a été essentiellement compilé, à partir de matériaux plus anciens, au VIIe siècle av. J.-C., et sa mise en forme a été achevée au IVe siècle de notre ère. La langue utilisée est l'hébreu, avec quelques passages en araméen (langue administrative de l'Empire perse après le VIe s. av. J.-C.).

Au IIe siècle av. J.-C. a vu le jour, à l'usage des Juifs d'Alexandrie, une traduction grecque, dite **Bible des Septante**, qui présente quelques différences avec le Tanakh. C'est cette traduction qui est devenue l'**Ancien** ou **Premier Testament** catholique et orthodoxe. Les protestants, eux, ont adopté la Bible hébraïque.

À cet Ancien ou Premier Testament est venu s'ajouter pour les seuls chrétiens le **Nouveau Testament**, qui relate l'avènement de Jésus-Christ. Il contient les quatre Évangiles, les Actes des Apôtres, les Épîtres et l'Apocalypse de Jean (composés en grec aux Ier-IIe s. de notre ère), et a été définitivement fixé au Ve siècle.

Cet ensemble a été diffusé dans le monde romain grâce à la **Vulgate**, traduction en latin établie à partir de l'hébreu et du grec par Jérôme de Stridon (saint Jérôme pour les catholiques et les orthodoxes) entre 382 et 405. C'est la version officielle de l'Église catholique.

Circoncision : opération qui consiste à ôter le repli de la peau qui recouvre l'extrêmité du sexe masculin, pour des raisons religieuses (garçons juifs et musulmans) ou médicales.

Coran : livre saint de l'islam. Il regroupe les paroles de Dieu *(Allah)* révélées au prophète de l'islam, Mahomet *(Muhammad)*, par l'intermédiaire de l'archange Gabriel, au tout début du VIIe siècle. Le Coran est divisé en 114 chapitres nommés « sourates ».

Dieu : unique et universel selon les religions monothéistes, judaïsme, christianisme, islam. Dans la Bible hébraïque, il est désigné par un *tétragramme* (« quatre lettres », en grec) transcrit YHWH, et prononcé (avec des voyelles) Jéhovah ou Yahvé par les chrétiens. Pour les juifs en revanche, le caractère sacré du tétragramme interdit de le prononcer, et on le remplace à la lecture par différents noms ou qualificatifs : le Seigneur, l'Éternel, etc.

Évangile : en grec, « la bonne nouvelle ». On désigne par ce nom les livres qui rapportent l'enseignement de Jésus, qui annonçait l'avènement du Royaume céleste. Les Évangiles auraient été écrits par les apôtres eux-mêmes (compagnons de Jésus et propagateurs de la nouvelle religion). Mais la critique biblique estime qu'ils ont été rédigés plus tard, entre 70 et 110 de notre ère (et remaniés entre 135 et 150).

Holocauste : sacrifice solennel, puisqu'il s'agit de brûler entièrement la victime offerte à Dieu, sans en retirer une part qui serait mangée par les participants.

Israël (« fort contre Dieu ») : nom donné à Jacob (le troisième des Patriarches, ancêtres et fondateurs du peuple juif) après qu'il a lutté contre un ange. Ses fils sont les ancêtres éponymes des douze tribus juives : Ruben, Siméon, Lévi (les Lévites se répartissent dans les autres tribus), Juda, Dan, Naphtali, Gad, Asher, Issachar, Zébulon, Joseph (représenté par ses premiers fils, Ephraïm et Manassé) et Benjamin.

Après la mort du roi Salomon, le royaume (formé de la

réunion des douze tribus) fut divisé en deux, et la partie nord prit le nom d'Israël, le sud celui de Juda. Après la conquête du nord par les Assyriens (VIIIe s. av. J.-C.), Israël désigna progressivement l'ensemble de la communauté juive.

Joseph : fils préféré de Jacob. En butte à la jalousie de ses frères, il se retrouva esclave en Égypte. Là, il réussit à interpréter les rêves de Pharaon, et grâce à cela devint le « chef de la maison » du roi. Par la suite, lors d'une famine, il fit venir toute sa famille en Égypte.

Juge : plus que des arbitres chargés de faire appliquer la Loi, les Juges hébreux étaient, jusqu'à l'institution de la royauté, des hommes considérés comme proches de Dieu (capables de comprendre et de transmettre sa volonté aux hommes) et souvent des chefs de guerre. Le premier est Josué, le dernier Samuel.

Midrash : commentaires oraux du Tanakh, mis par écrit dans le Talmud et différents autres traités dans la littérature rabbinique.

Pessah : fête juive célébrée au printemps par un repas très codifié (le *seder*), en souvenir de la sortie d'Égypte du peuple hébreu, qui y était maintenu en esclavage (livre de l'Exode). Ce repas inaugure une semaine de fête, et se confond avec celle des Azymes, durant laquelle n'est autorisé que du pain sans levain, dit « pain azyme », là encore en souvenir du départ d'Égypte, si précipité que les Hébreux ont dû emporter de la pâte non levée. C'était l'une des fêtes marquées par un pèlerinage à Jérusalem et un sacrifice au Temple – tant que le Temple fut debout.

Prophète, prophétie : le prophète est celui qui comprend la volonté divine, et peut donc la transmettre au reste de la population. La prophétie est l'expression de cette volonté.

Rabbinique [littérature] : les rabbins sont les docteurs de la Loi juive. Après la destruction du Temple, c'est leur enseignement qui est devenu, avec le Tanakh, le socle de la religion juive, dite judaïsme rabbinique. Cet enseignement, d'abord oral (il se poursuit aujourd'hui encore), est au fil du temps fixé par écrit dans divers traités, les plus anciens étant réunis dans le Talmud. Les commentaires (le Midrash, ou les *midrashim*) expriment des points de vue différents, parfois divergents ou même contradictoires. Ces commentaires peuvent aussi s'accompagner d'anecdotes ou de digressions qui servent aussi bien à illustrer le propos qu'à réveiller l'intérêt des fidèles.

Sacrifice : offrande à Dieu d'un animal qu'on tue en son honneur. Sauf dans le cas de l'holocauste, la chair cuite est consommée par le sacrifiant, sa famille et les sacrificateurs. On offre un sacrifice pour trois raisons : en signe de soumission à Dieu, d'action de grâces ou de repentir pour une faute commise par négligence ou par inadvertance.

Shabbat (sabbat) : septième jour de la semaine, chômé pour les juifs en hommage à Dieu qui se reposa le septième jour, après la création du monde en six jours.

Targum : traduction du Tanakh en araméen (langue utilisée dans l'Empire perse). Ces traductions, commentées et plus développées que l'original, permettent souvent d'éclairer les obscurités du texte hébreu.

Temple : désigne pour les Juifs le Temple de Jérusalem. Pendant longtemps, les Juifs transportaient avec eux l'arche d'Alliance, signe de la présence de Dieu à leurs côtés. C'est le roi Salomon (Xe s. av. J.-C.) qui fit construire le premier Temple à Jérusalem pour y abriter l'Arche. Là officiaient les prêtres (les *cohanim*), là avaient lieu les offrandes et les sacrifices. Le premier Temple fut détruit en 587 av. J.-C. par Nabuchodonosor II. À la fin de l'Exil, un second Temple fut rebâti (520-515 av. J.-C.). D'importants travaux furent entrepris par le roi Hérode le Grand (fin du Ier s. av. J.-C.) pour agrandir et embellir le Temple. Mais en 70 après J.-C., celui-ci fut à nouveau rasé par le général romain Titus, cette fois-ci définitivement.

Testament : issu du mot latin *testamentum*, employé dans le contexte biblique au sens de « contrat » ; on utilise parfois le terme « Alliance ».

Selon la Torah, par l'intermédiaire des Patriarches (Abraham, Isaac et Jacob, les ancêtres fondateurs du peuple juif), puis de Moïse (le prophète qui fit sortir ce peuple d'esclavage), Dieu a conclu une alliance avec les Juifs.

Selon les chrétiens, cette alliance n'est que la première. En effet ils ont, eux, noué une « nouvelle » alliance avec Dieu, en suivant la doctrine de Jésus, son fils et son « Messie » (son envoyé consacré par l'huile sainte).

Les termes d'Ancien et de Nouveau Testament sont propres aux chrétiens.

Torah : la Loi. Désigne la première partie du Tanakh, divisée en cinq livres (le Pentateuque) : la Genèse contient la création du monde et de l'homme, l'histoire de Noé et du Déluge, et celle des trois Patriarches, Abraham, Isaac et Jacob, jusqu'à l'installation en Égypte avec Joseph ; l'Exode retrace une grande partie de la vie de Moïse et la sortie d'Égypte ; le Lévitique détaille les lois rituelles que Dieu dicte à Moïse ; les Nombres contiennent aussi surtout des prescriptions religieuses ; enfin, le Deutéronome (« deuxième loi ») reprend sous une autre forme l'essentiel des lois, et se termine sur la mort de Moïse. Tout cela forme la Loi écrite, qui a toujours été complétée par une Loi orale (Midrash) recueillie principalement dans le Talmud.

L'AUTRICE
Marie-Thérèse **Davidson**

Je suis née à Paris, de parents étrangers, peu après la fin des horreurs de la Seconde Guerre mondiale. Est-ce pour cela que j'ai beaucoup rêvé d'héroïsme et de belles histoires ? Très jeune, j'ai « dévoré » des contes, des récits, des romans, tout ce qui enflamme le cœur et l'imagination.

Nourrie de « Contes et Légendes », puis de mythologie grecque, je me suis toujours passionnée pour tous les grands récits d'origine, ceux qui expliquent l'homme et le monde.

Le plus grand de ces récits fondateurs, pour notre civilisation occidentale, est la Bible. Malgré toutes les difficultés liées au fait que les Bibles hébraïque et chrétienne sont des textes sacrés, il était tentant de faire vivre dans des romans, profanes mais respectueux de toutes les croyances, les personnages de la Bible, avec leur foi, leurs peurs, leurs espoirs et leurs souffrances – humaines, si humaines !

Or, parmi les personnages incontournables de la Bible figure Moïse, le fondateur du monothéisme. Intimidant, certes, mais tellement fascinant ! J'espère que ce roman aura réussi à donner une idée de la complexité d'un personnage si exceptionnel.

De la même autrice :

Aux Éditions Nathan

La Tour de Babel – De la Terre au Ciel, collection « Histoires de la Bible », 2011.

Caïn – Le premier meurtre, collection « Histoires de la Bible », 2009.

Rebelle Antigone, collection « Histoires noires de la Mythologie », 2005.

Œdipe le maudit, collection « Histoires noires de la Mythologie », 2003.

Chez d'autres éditeurs

Homère, Oskar Éditions, collection « Personnages de l'Histoire », 2009.

Sur les traces des Dieux grecs, Gallimard Jeunesse, 2005.

Sur les traces des esclaves, Gallimard Jeunesse, 2004.

Sur les traces d'Alexandre le Grand, Gallimard Jeunesse, 2002.

Sur les traces d'Ulysse, Gallimard Jeunesse, 2001.

TABLE DES MATIÈRES

1. SAUVÉ DES EAUX 5
2. EN FUITE 12
3. LE BUISSON ARDENT 20
4. LE RETOUR EN ÉGYPTE 28
5. FACE À PHARAON 37
6. LA SORTIE D'ÉGYPTE 46
7. LA MER DES ROSEAUX 54
8. LA FAIM ET LA SOIF 61
9. AU SINAÏ 68
10. LE VEAU D'OR 77
11. LES TABLES DE LA LOI 86
12. EN ROUTE VERS CANAAN 92
13. LA FIN DE L'ERRANCE 99

CARTE 104
POUR MIEUX CONNAÎTRE MOÏSE 105
LEXIQUE 117
L'AUTRICE 124

HISTOIRES DE LA BIBLE

DANS LA MÊME COLLECTION

CAÏN
LE PREMIER MEURTRE
Marie-Thérèse **Davidson**

JUDITH
L'ESPOIR DE BÉTHULIE
Michèle **Drévillon**

JUDAS
L'AMITIÉ TRAHIE
Anne **Vantal**

SAMSON
LE SANG ET LE MIEL
Michaël **Biezin**

ÈVE
LA RUSE DU SERPENT
Flore **Talamon**

MARIE
LES MESSAGES DE L'ANGE
Marie-Odile **Hartmann**

MARIE-MADELEINE
LA PROTÉGÉE DE JESUS
Michèle **Drevillon**

LA TOUR DE BABEL
DE LA TERRE AU CIEL
Marie-Thérèse **Davidson**

NOÉ
FACE AU DÉLUGE
Flore **Talamon**

JONAS
LE PROPHÈTE INSOUMIS
Anne **Jonas**

ABRAHAM
LE SACRIFICE IMPOSSIBLE
Sylvie **Baussier**

DAVID
LE BERGER DEVENU ROI
Quitterie **Simon**

MOÏSE
ENTRE DIEU ET LES HOMMES
Marie-Thérèse **Davidson**

N° éditeur : 10281118 - Dépôt légal : août 2010
Achevé d'imprimer en février 2022
par «La Tipografica Varese Srl», (21100 Varese, Italie)